Condamné à tort,

l'affaire Leprince

Roland AGRET
Nicolas POINCARÉ

Condamné à tort,
l'affaire Leprince

Michel LAFON

DES MÊMES AUTEURS

Roland Agret

Mon combat est le vôtre, Grasset, 1997.
Justice soit fête (collaboration avec Nicolas Kalamouka), Les lettres libres, 1981.
Coupable d'innocence, Ramsay, 1984.
Le Schbeb, Fleuve noir, 1986.
La Justice à deux doigts près, Carrère, 1986.
Et si vous saviez, Plon, 1991.
La Justice à marée basse, Austral, 1997.
La Voyoucratie au service de la démocratie, Filipacchi, 1997.
L'Amour enchristé, Blanche, 1998.
Pendaresse ou sur un air d'opéra, Fleuve noir, 2003.
La Justice me fait peur, J.M. Laffont, 2004.
Mon corps en otage, Hugo et Compagnie, 2006. Prix « Monte Cristo 2007 »
T'y touches, t'y restes, (en collaboration avec le collège Sainte-Marie à Meyrueis)

Président de l'association Action-Justice
(www.action-justice.fr)

Nicolas Poincaré

Rwanda : Gabriel Maindron, un prêtre dans la tragédie, Éditions de l'Atelier, 1995.

7-13, boulevard Paul-Émile-Victor - Île de la Jatte
92521 Neuilly-sur-Seine Cedex

www.michel-lafon.com

Nous dédions ce livre à Brigitte, Christian
et leurs petites filles Audrey et Sandra,
victimes de barbares immondes.

À Solène, l'enfant miraculée.

Au papa de Brigitte, mort de chagrin.

À Dany, cet homme « nu devant la justice »
à perpète.

À Renée Leprince, la septième victime...

À tous les abîmés d'un massacre judiciaire.

Avertissement

Une affaire aussi terrible ne peut pas être traitée sans une rigueur méticuleuse.

Ainsi, vous allez découvrir les principales preuves irréfutables qui étayent ce dramatique récit.

Je possède tout le dossier, les témoignages manuscrits de tous les nouveaux témoins cités dans notre contre-enquête.

De la véracité bétonnée.

En guise d'avant-propos

Il y a des histoires que l'on voudrait ne jamais écrire tellement leur horreur vous révulse, horreur qu'une fiction sanguinaire ne pourrait même pas inventer.

Le massacre de Thorigné-sur-Dué est une affaire tellement insultante, odieuse et dégradante pour l'homme que l'on a envie de vite refermer le dossier, pour que l'opinion publique puisse s'engourdir dans l'oubli, rassurée par une décision de justice qui a retrouvé et châtié les coupables.

La justice est passée hâtivement et bien approximativement sur ce massacre, au risque de sacrifier la vérité.

Dany Leprince, coupable ou bouc émissaire ? Qui pouvait s'intéresser aux manifestations d'innocence d'un homme condamné à la peine maximale, reconnu coupable d'une tuerie aussi sauvage ?

Sa famille, ses amis ont ramé, de maltraitances en galères. Pendant plus de dix ans, leurs voix se sont abîmées...

Mais pas en vain, puisque aujourd'hui nous savons. Nous savons que l'enquête comme l'instruction sont aussi superficielles que surréalistes.

Nous savons que l'accusation n'est qu'une compilation de contradictions, parfois hallucinantes. Nous savons, et surtout nous pouvons prouver.

À la lecture de ce volumineux et horrifiant dossier, nous tirons justement toutes ces mémoires verbalisées de leur somnolence. Elles resurgissent, revivent et, pas à pas, nous allons les suivre, les livrer jusque dans leurs actes, leurs irréversibles et incommensurables dégâts humains, avec la plus rigoureuse authenticité.

Introduction

Saint-Omer, mai 2004, procès d'Outreau.

Dix-sept prévenus sont dans le box des accusées, sept d'entre eux dorment encore tous les soirs en prison. Soudain, à quinze jours de la fin du procès, après plusieurs refus, le président ordonne, à la surprise générale, la mise en liberté de tout le monde. Stupeur et mouvement de joie : après trois ans de procédure, tous les accusés d'Outreau sont enfin libres. Deux jours plus tard, David Brunet, tout juste libéré mais encore accusé, accepte de me recevoir chez ses parents. Sa seule condition : que je vienne sans caméra et avec une bouteille. Il habitait au même étage que le couple Delay, qui avait violé ses quatre garçons. Comme de nombreux habitants de l'immeuble, il avait été accusé de pédophilie, poursuivi et jugé pour huit viols sur mineurs.

Ce dimanche après-midi, revenant sur son expérience carcérale, je lui demande :

« En tant que prétendu violeur d'enfant, tu as dû en baver...

– Oui, les quinze premiers jours. Mais un jour, le caïd de la prison est venu me voir et m'a dit : "Bruno [le surnom de David Brunet], tu dis être innocent, alors si c'est le cas, passe-moi ton dossier." Mon avocat m'avait instamment conseillé de ne jamais communiquer les pièces à personne, tellement les détails des viols dont j'étais accusé étaient horribles. »

Malgré cet avertissement, David Brunet donne son dossier au caïd. Deux jours plus tard, celui-ci lui dit : « Bruno, t'es innocent, c'est marqué dedans. » À partir de ce jour-là, le caïd a assuré sa protection, en lui expliquant que son « affaire » était bourrée d'invraisemblances manifestes. Les deux enfants Delay, en particulier l'aîné, avaient accusé de pédophilie à peu près toute la cage d'escalier de la tour des Merles à Outreau, ainsi que la boulangère et beaucoup d'autres personnes alentour. Cinq femmes étaient accusées ; or, si la pédophilie féminine existe, avoir cinq cas dans une même cage d'escalier est assez improbable. Par la suite, l'aîné a été placé à plus de deux cent cinquante kilomètres d'Outreau, dans un petit village. Et aussitôt, il affirme avoir été violé dans sa nouvelle école par deux infirmières et par leurs maris. Un des couples a été jeté en prison, l'autre pas.

Le juge Burgaud et d'autres magistrats de la cour d'appel ont cru en la culpabilité de David Brunet alors qu'un petit caïd de prison a su lire l'évidence : la probabilité d'être violé par cinq femmes qui habitent la même cage d'escalier est très faible ; être confié à une nouvelle famille d'accueil et être aussitôt violé par deux autres femmes est invraisemblable. La justice a fini par le prouver et par reconnaître que David Brunet avait fait trois ans de prison pour rien, comme le chauffeur de taxi Martel, les Legrand père et fils, le prêtre ouvrier Dominique Wiel... comme trop d'autres.

L'affaire d'Outreau et la manière dont la presse a collé à l'enquête judiciaire, répétant ses erreurs, ne parvenant pas – très rares et louables exceptions – à prendre du recul et à percevoir les signes qui auraient dû faire douter de la culpabilité des accusés, m'a beaucoup troublé. L'innocence de David Brunet était donc inscrite dans son dossier, mais personne n'a su lire, ni les magistrats, ni les avocats, ni les journalistes. C'est à partir de cette évidence que je me suis intéressé aux erreurs judiciaires, en considérant que le doute est une méthode, qu'aucune vérité ne vaut si on n'ose pas la réexaminer.

Ma rencontre avec Roland Agret est décisive. C'est lui qui me mène au dossier Leprince. Dans les semaines qui suivent l'affaire d'Outreau, je lis une brève dans *Le Point* qui fait allusion à lui. Victime d'une erreur judicaire et président d'une association qui défend l'innocence de certaines personnes emprisonnées, Roland Agret a fait acquitter une dizaine de détenus, grâce à des enquêtes qui permettent de nourrir le dossier de la défense. Il reinstruit, tel un juge d'instruction indépendant, sans diplôme, avec son expérience comme seule arme. À l'occasion d'un reportage, fin 2004, dans le sud de la France, je provoque notre rencontre. Trois jours d'affilée, il me raconte son histoire et celle de sa femme, Marie-Jo.

En 1970, âgé de vingt-sept ans, Roland est garagiste à Nîmes, employé d'un certain André Borrel, un membre du SAC, le service d'ordre du parti gaulliste, chargé des basses œuvres et des mauvais coups. Un jour, Borrel est retrouvé mort avec son garde du corps dans la garrigue. Roland Agret, qui avait eu une aventure avec la petite amie de son patron et qui, par ailleurs, avait déjà été arrêté pour détention d'arme, est aussitôt accusé. Deux semaines plus tard, les meurtriers de Borrel, Santéni et Ritter, sont arrêtés avec l'arme du crime, placés en garde à vue à Nîmes et interrogés. Ils dénoncent un proche de Borrel, un certain Samergue, lui aussi membre du SAC, qui serait le commanditaire du crime et dont ils seraient les hommes de main. Ils ne connaissent ni le garagiste ni Roland Agret. Pendant la nuit, le procureur de la République se déplace et s'entretient avec les deux assassins. Le lendemain, ils confirment dans leur déposition le lieu du crime, le montant touché, mais le commanditaire qu'ils désignent n'est plus Samergue, c'est Roland Agret. Voilà comment, le 10 novembre 1970, Roland est emprisonné puis, en 1973, condamné par la cour d'assises de Nîmes à quinze ans de prison. Il clame son innocence, avale à trois reprises des fourchettes, sauvé chaque fois par une opération chirurgicale. Il entame aussi des grèves de la faim, dont la dernière dure plus d'un an. Nourri par perfusion, il passe de quatre-vingt-huit à quarante-sept kilos, perd ses dents, lorsqu'il est transféré à l'hôpital, aucune de ses veines ne peut recevoir d'intraveineuse. Les médecins ne lui pronostiquent plus que quelques jours à vivre.

Pendant les sept ans d'incarcération de Roland, Marie-Jo, sa femme, épousée en prison, n'a jamais cessé de se battre. C'était sa secrétaire, son attachée de presse, la coordinatrice de son comité de soutien. Marie-Jo dort devant les prisons, s'enchaîne place Vendôme, harcèle les magistrats et les journalistes. En 1977, pendant la dernière grève de la faim de Roland, elle décide avec un groupe d'amis de se rendre à Rouen ; Jean Lecanuet, garde des Sceaux de l'époque et maire de la ville, assiste à la messe de Pâques, au premier rang, dans la cathédrale. Le groupe dépose à ses pieds une civière, portant

Marie-Jo, elle aussi en grève de la faim et très affaiblie. L'évêque, gêné, s'interrrompt en plein sermon. Malaise dans la bourgeoisie rouennaise. Marie-Jo et ses amis quittent finalement l'église, mais pour aller aussitôt camper devant le domicile du garde des Sceaux, qui finira par les recevoir dans l'après-midi. À la suite de cet entretien, convaincu, il ordonnera une réouverture de l'enquête. Mais cela ne donnera rien car, entre-temps, le président Valéry Giscard d'Estaing prononce une grâce médicale.

Après une année d'hospitalisation, Roland Agret, en liberté, reprend le combat pour faire reconnaître son innocence. En 1980, il s'empoisonne devant la chancellerie place Vendôme : ses amis crachent chacun à leur tour dans un verre, ils mettent le contenu dans une seringue et Roland se l'injecte. Un quart d'heure après, il a 40 °C de fièvre et souffre de tremblements, mais cela est sans effet. Après les élections de 1981, malgré les espoirs qu'il a placés en Robert Badinter, ce dernier ne fait rien pour relancer le dossier. En 1983, Agret décide de se couper un doigt pour susciter une réaction. Il réunit de nouveau ses amis près de la place Vendôme, dans une petite chambre d'hôtel, boit un verre de whisky et se coupe l'index de la main gauche avec un couteau à viande. Il place le doigt dans un bocal de formol et va le porter au ministère de la Justice en affirmant que si rien ne se passe il fera de même avec les neuf autres. Un mois après, rien n'ayant bougé, il recommence. Mêmes amis, même petite chambre d'hôtel, même couteau à viande et il s'ampute sans un cri le majeur de la même main. Badinter prend conscience que Roland Agret a encore huit doigts et qu'il ira jusqu'au bout. Il soutient enfin la réouverture du dossier. La révision va très vite. Les deux accusateurs, toujours en prison, ne l'innocentent pas directement mais affirment qu'ils ne se souviennent plus de rien. L'affaire est rejugée par la cour d'assises de Lyon en avril 1985. Roland Agret est acquitté et réhabilité. Il a quarante-quatre ans. Mais au lieu de vivre une vie tranquille avec Marie-Jo, il décide de s'occuper des autres, et monte son association, Action justice.

Tout en me racontant son histoire, pendant ces trois jours que nous passons ensemble, Roland Agret ne cesse de me parler de divers dossiers d'accusés qu'il défend. Il veut que j'enquête. Ne pouvant pas faire des reportages sur chacun d'eux, je lui demande : « Quel est le plus innocent de tous les innocents ? » Sans hésiter une seconde, il me lâche le nom de Dany Leprince. Mais sa femme, Marie-Jo, ajoute aussitôt de sa petite voix toujours grave et légère à la fois : « Attention, Nicolas, si tu touches à l'affaire Leprince, elle va t'habiter pendant des années. »

Malgré cet avertissement, je me suis plongé dans le dossier. J'ai enquêté, parlé longuement au téléphone avec Dany Leprince. Nous avons tous deux cherché des moyens d'attirer l'attention sur son sort. Dany Leprince nous disait au téléphone qu'il n'avait pas le courage d'avaler des fourchettes ni de se lancer dans une longue grève de la faim. Un jour Roland m'a dit : « Ce type est à poil face à la justice. » Et nous nous sommes dit : il n'a qu'à renvoyer tous ses vêtements et rester nu dans sa cellule, ce serait un geste symbolique fort, même si cela implique pour lui de renoncer au parloir, au travail en prison et au téléphone. Leprince a accepté l'idée. Par solidarité, Agret a tenu une conférence de presse au Mans pour annoncer la nouvelle. Lui-même était nu.

Fin 2005, mon enquête dans le cadre de l'émission « Sept à Huit » sur TF1 m'a donné une conviction : les conditions dans lesquelles cet homme, Dany Leprince, a été condamné, sont insupportables. Journaliste généralement peu engagé, j'ai décidé que, pour une fois, j'allais essayer d'aider cet homme. Depuis l'affaire Dreyfus, la justice française n'a accepté que six fois de reconnaître ses erreurs et de rejuger un condamné. Aujourd'hui, je signe ce livre avec Roland Agret, au nom de la défense de Dany Leprince, pour que ce dernier puisse bénéficier du septième procès en révision de l'histoire de la France, pour qu'il ait enfin droit à un procès sérieux après treize ans d'incarcération. Comme en plus le témoignage qui l'a condamné vient de sa propre femme, qu'il a dû couper toute relation avec ses enfants et que sa mère, Renée, s'est suicidée de détresse, sa solitude atteint des sommets presque inimaginables.

Cet homme a pris la perpétuité, avec vingt-deux ans incompressibles, pour le meurtre de son frère Christian, de Brigitte, sa belle-sœur, et de deux de leurs trois filles, le soir du 4 septembre 1994 à Thorigné-sur-Dué, dans la Sarthe.

Je ne peux pas jurer de l'innocence de Dany Leprince, mais j'affirme qu'il ne peut pas avoir commis ce quadruple meurtre, comme sa femme l'affirme, et dans les conditions retenues par l'accusation et par la cour d'assise. C'est impossible, « c'est marqué dans le dossier ». Aujourd'hui, il faut réentendre sa femme, qui n'a pas témoigné devant les assises parce qu'elle s'est évanouie à la première question gênante sur ses multiples contradictions. Il faut enfin entendre ses deux plus jeunes filles qui n'ont jamais été interrogées, il faut rechercher à qui appartient l'ADN inconnu retrouvé sur une des armes du crime. Il faut rejuger Dany Leprince.

Au début, juste après sa condamnation, rares étaient ceux qui doutaient de sa culpabilité. Seuls ses parents et quelques proches de Torigné le croyaient innocent. Sa femme Martine a demandé et obtenu le divorce rapidement, ses trois filles n'ont jamais répondu à ses lettres. Puis Roland Agret, à la demande des parents Leprince, s'est emparé de l'affaire. Il a enquêté, plaidé, convaincu beaucoup de monde et réussi à susciter l'intérêt de quelques journalistes dont j'ai fait partie.

À la suite d'un reportage que j'ai réalisé pour l'émission « Sept à Huit », le 6 janvier 2006, un complément d'enquête a été ordonné par la Cour de cassation. Quand un dossier est relancé, c'est un nouvel espoir. Mais la procédure a piétiné, et pour ceux qui s'étaient mis à y croire à nouveau, tout donnait l'impression d'un nouvel enterrement. Pour Renée Leprince, en particulier. Si on lui avait dit que son fils en avait encore pour dix ans, elle aurait été fixée, mais là, la justice se moquait d'elle : des juges admettaient que l'on pouvait douter, affirmaient que l'enquête allait être réouverte, mais laissaient filer le temps sans rien faire. Un jour du mois de juin 2007, au téléphone, elle a expliqué à Roland Agret qu'elle n'en pouvait plus de ne pas savoir si, un jour, son fils serait innocenté de la mort de son frère, elle qui était sûre que son aîné n'avait pas tué le cadet. Quelques heures après, elle s'est pendue dans son garage.

Le soir même, Roland m'a appelé en pleurs. Il en voulait à la terre entière et surtout à lui-même, il se sentait coupable de ne pas avoir su convaincre une mère qui lui avait fait confiance que le combat n'était pas encore perdu. Ensemble, ce soir-là, nous avons fait le serment de nous battre jusqu'à la révision du procès de Dany, pour la mémoire de Renée.

Aujourd'hui nous continuons ensemble notre combat, par ce livre. Leprince le lira bientôt dans sa cellule 369 de la centrale de Poissy. Il est toujours à poil, mais plus complètement seul.

Nicolas POINCARÉ

1.

Un dimanche ordinaire

Une famille soudée

4 septembre 1994, le jour se lève sur Thorigné-sur-Dué, à quelques kilomètres de Connerré, berceau des fameuses rillettes.

Lovées dans la nature sarthoise verdoyante, les maisons aux toits pentus sont encore somnolentes dans l'épais crachin matinal. Comme si elles voulaient profiter d'une grasse matinée, offerte par ce dimanche au ciel déjà moutonneux.

En entrant dans ce charmant village fleuri, le premier bâtiment qui interpelle est celui de l'imposante carrosserie Leprince. Elle a fière allure et respire la prospérité.

À l'autre bout, à la sortie de Thorigné, c'est un damier de vastes champs bigarrés qui se profile, avec de grandes fermes en bord de route. La première à gauche, La Goualtière, est celle louée par Robert et Renée Leprince. Énorme bâtisse aux multiples dépendances qui vous accueille avec son puits et sa margelle en pierres rêches.

Des durs au labeur, ces Leprince ! Leurs mains sont striées de crevasses comme pour excuser leur accent rocailleux.

Ils ont trois enfants : Dany, Christian et Alain.

Dany, le cultivateur, est un grand gaillard. Il aime la terre. Il est marié avec Martine. De leur union sans grande histoire sont nées trois filles : Célia, Marion et Pauline, de respectivement quinze, dix et six ans.

Ils travaillent beaucoup l'un et l'autre. Martine s'occupe de leur ferme, L'Imbaudière, à quelque cent mètres plus loin de celle des parents Leprince. C'est une femme longiligne, aux cheveux courts, dont l'aspect physique contraste avec sa force. Elle provoque une réelle admiration lorsque, assistée de sa fille Célia, elle tue les cochons ou égorge les moutons pour certains particuliers des alentours. C'est toujours un petit pécule supplémentaire qui rentre dans la tirelire du ménage. Quelques années auparavant, elle a fait ses classes à la Socopa, où elle taillait et désossait les quartiers de viande, maniant couteaux et feuilles de boucher. Dany dit d'elle qu'elle sait tout faire, qu'elle a une capacité d'adaptation rare, grâce à son intelligence et son sens de l'effort.

En fait, depuis qu'elle est fermière, elle ne quitte pratiquement jamais sa « cotte », sorte de combinaison de travail. On la voit même dans cet accoutrement lorsqu'elle attend ses enfants à la sortie de l'école. Elle semble s'investir totalement dans la ferme familiale. En même temps que le cheptel, elle gère les cordons d'une bourse, parfois tristement plate. Mais les dettes alignées avec les rentrées régulières n'inquiètent pas outre mesure la banque, qui, dans quelques circonstances, se contente de faire les gros yeux.

Pour joindre tous les bouts, Dany travaille aussi à la Socopa, où il conditionne la viande hachée en steaks, de 3 h 30 à 9 h 30. Un laborieux, fier de l'être. À la force de son travail, il a l'ambition de s'agrandir et n'en fait pas mystère.

Christian, c'est le propriétaire de la carrosserie, et il étale son bien-être. La moustache finement taillée, il a belle allure, même s'il ne dépasse pas le mètre soixante-douze. Lorsqu'il voit Dany, c'est souvent pour aller jouer au foot, quand ce dernier s'octroie un moment de détente. Ils adorent ça. Même si l'un est bien plus aisé que l'autre, ce n'est pas un obstacle entre eux. Il y a quelques années, Christian a donné un coup de pouce de dix mille francs à son frère. Mais il n'y a jamais eu d'impératif pour le remboursement, Christian semble s'en moquer.

Dany ne le jalouse pas, contrairement à ce que certains voudraient bien faire croire. Il est même ravi que son frangin vienne d'acquérir cette Triumph décapotable pour l'offrir à sa femme, Brigitte. Christian en rêvait. Quelques yeux avides dans le village lorgnent méchamment sur son insolente réussite mais il n'en a cure. Son succès, il ne le doit qu'à lui-même. Dans une sorte de boîte à sucre, il a un petit magot en espèces, toujours à portée d'affaires, d'au moins cent mille francs selon certains. Il ne s'en cache pas, il s'en flatte et tout son entourage en connaît la provenance : des coups de pistolet de peinture au noir.

Son épouse, Brigitte, travaille à la poste. Elle a du caractère et ne se laisse pas marcher sur les pieds. Ils ont trois superbes filles, Audrey, Sandra et Solène, de dix, six et deux ans.

Les deux frères ont deux dénominateurs communs : ils semblent cultiver le chiffre 3 concernant le nombre des enfants, et un acharnement au travail.

Alain, le benjamin de la fratrie, travaille dans la même usine que Dany, la Socopa et guette les week-ends pour voir sa copine.

Cette énorme usine de découpe et de conditionnement de viande pioche tout son personnel dans la région.

À la sortie du village, un peu en amont de leur ferme, à trois cents mètres environ, les parents Leprince ont cédé un terrain à leurs enfants. Dany et Christian ont immédiatement fait construire. Deux maisons face à face au lieu-dit La Groie. Une quinzaine de mètres seulement les sépare. Au milieu des champs, c'est bizarre, presque incongru : d'une maison, vous regardez l'autre à la toucher des yeux et déjà vous semblez l'épier. Vous partagez tout, les habitudes, les bruits, les odeurs.

Chez Dany, ça rame, la vie est raide. Chez Christian, ça roule et ça se voit. Ne serait-ce que par les travaux qui avancent vite. Ils en sont à aménager les combles : chaque fille doit avoir sa propre chambre, au premier étage. Et du cossu. Déjà, de grands Velux étincelants éblouissent de leurs reflets la cuisine de Martine. Ce qui l'irrite manifestement, et elle ne manque pas de s'en plaindre.

Martine déambule dans les rues en bleu de chauffe, empestant le cochon, comme si elle s'était résignée à n'être qu'une bosseuse. Envie, jalousie ? Elle n'aime pas Brigitte et ne perd pas une occasion de l'exprimer. Pourtant, elle est toujours prête à lui rendre service. Elle garde ses nièces et, lorsque sa belle-sœur s'absente, celle-ci lui laisse les clefs de la maison pour qu'elle puisse surveiller et nourrir le chat. Opposé parfait : l'une, étincelante dans sa

Triumph décapotable, l'autre, travailleuse dépenaillée dans sa fourgonnette brinquebalante.

Mais dans la famille, bien soudée autour des parents et surtout de la mère, Renée – surnommée « la tour de contrôle » tant elle reste vigilante auprès des uns comme des autres –, les petits états d'âme ne font point d'ombrage. D'ailleurs, les parents Leprince viennent d'avancer un cheptel de cochons, d'une valeur de deux cent mille francs, à Martine et Dany.

Les Leprince semblent bétonnés autour d'une cellule familiale sans faille apparente, le boulot en porte-drapeau.

Le 4 septembre 1994

Ce dimanche, Dany et Martine prennent rapidement leur petit déjeuner : pas un instant à perdre. La brume se lève à peine, il est 7 h 30. Le jour du Seigneur comme les jours fériés ne sont pas chômés pour eux, sauf occasion extraordinaire, pour un repas en famille chez les parents. Ce matin, il faut aller à L'Imbaudière arracher des souches, donner à manger aux vaches, aux taurillons, aux cochons ; ensuite, aller chercher le tracteur en vue des travaux prévus dans les champs pour l'après-midi. Après une matinée bien remplie, ils rentrent déjà fourbus vers 13 heures et s'accordent un moment de répit avec leurs enfants, pour déjeuner. Et puis Dany repart aussitôt : il enfourche son Ferguson pour aller labourer puis semer du colza, jusqu'à n'en plus pouvoir.

Dany retourne toujours la terre. Il se crève mais il aime ça. Avec ses airs de gros bourru, il l'aime sa Martine, aussi dure que lui dans le labeur. Il se dit qu'il n'est pas un très bon mari, qu'il manque de gentilles attentions envers sa femme comme envers ses gamines, mais il ne sait pas faire autrement, il ronchonne, il exige, c'est comme ça...

En fait, elle est partout, Martine : à la maison, aux champs, aux bêtes, à la gestion de la bourse ; et heureusement, parce qu'il est notoire que Dany se moque des questions d'argent comme d'une guigne. Il aime rendre service mais il reste un rugueux, pas démonstratif, jusqu'auprès des siens. Il ne sait que bosser. D'ailleurs, son réveil sera réglé sur 2 h 30 du matin pour son tour d'usine à la Socopa. La double journée. C'est vrai que, du haut de son mètre quatre-vingt-cinq, il a du coffre et de la résistance, le bougre !

Ce jour-là, Martine retourne trimer aux champs avec sa belle-mère et rentre chez elle vers 17 h 30.

En fait, le dimanche, pour Martine et Dany, n'est qu'une fidèle copie de tous les autres jours de la semaine. Mais, même si c'est dur, cela fait partie de leur raison de vivre. Pas une miette de temps perdu.

Depuis quatre jours, Brigitte et Christian, radieux, sont rentrés de leurs vacances en Ardèche. Leur maison dort encore paisiblement ; il est 10 heures du matin. Chez eux, le week-end est sacré et la grasse matinée est de rigueur. Le boulot, c'est à temps plein, mais du lundi au samedi midi. Comme les congés en famille, ici, c'est le comble du luxe.

À cent cinquante mètres de là, une voiture s'arrête. Deux occupants frappent à la porte de la famille Froger, qui occupe une solide bâtisse en pierre, presque en face de la ferme de Robert et Renée Leprince. En fait, ils se trompent de maison : ils souhaitent se rendre chez Christian Leprince, pour le dépannage urgent d'un véhicule accidenté dans un fossé. Les deux hommes frappent enfin à la bonne porte. Brigitte ouvre, puis Christian apparaît, encore mal réveillé, rentrant hâtivement sa chemise dans son jean. Cette intrusion dominicale l'ennuie, mais il ne veut pas abandonner ces gens en mauvaise posture. Et puis, c'est toujours un peu d'argent au black de pris ! Il part donc avec eux jusqu'à son garage quérir sa dépanneuse, puis récupérer le véhicule en bas d'un talus.

Il soupire d'aise lorsqu'il rejoint Brigitte et ses filles. Le reste de la journée promet d'être magnifique, même si le temps reste couvert. En famille, ils vont aller déjeuner chez les parents de Brigitte. Pour Christian, c'est de la vraie détente. En fin d'après-midi, lorsqu'ils rentrent, ils conviennent de retourner chez ses beaux-parents pour y dîner. Histoire de se délasser utilement, Christian donne un large coup de tondeuse pétaradante, ce qui a le don d'exaspérer Martine. Mais, comme lui dit Dany, il n'a que ce jour-là pour le faire...

Audrey et Sandra jouent avec leurs cousines Marion et Pauline. Leur gaieté fait plaisir à entendre alors qu'elles éparpillent des petits cris de joie. Martine, elle, s'est mise à monter une bibliothèque en kit pour sa fille Célia. Pas une seconde de gaspillée. La fin de l'après-midi coule ainsi, paisible et routinière.

Vers 18 h 30, alors que Martine va déposer ses poubelles au bout du chemin, Brigitte ouvre sa fenêtre pour lui demander de faire rentrer ses gamines. Ils veulent aller dîner de bonne heure pour se coucher tôt, car le lendemain matin l'un file à son garage, l'autre à son guichet à la poste du village, les filles à l'école et la plus petite chez sa nounou.

À 20 h 50, Christian et Brigitte rentrent de leur dîner. Brigitte téléphone aussitôt à son père pour lui dire qu'elle a oublié le cageot de légumes qu'il leur avait préparé. Ils se sont régalés, ils ont mangé du saucisson sec maison et du jambon blanc. Christian s'est fait une tranche de rosbif en sus, puis a préparé des haricots verts du jardin pour les filles et pour ceux qui en voulaient, ainsi que des girolles mélangées avec des trompettes-de-la-mort. Fromages et fruits pour clôturer ce repas sympa, arrosé de vin rouge et d'une goutte du cru pour faciliter la digestion et la bonne humeur. Sur le retour, ils ont croisé un copain, qu'ils ont salué joyeusement.

Les filles sont en train de se déshabiller pour se mettre en pyjama, Brigitte achève de manger un yaourt avant de coucher les petites. Ils sont tous ravis de leur dimanche et fin prêts pour attaquer une nouvelle semaine. Allez, tout le monde, vite au lit !

Martine est à la maison avec ses filles, regardant la télévision. Elles ont certainement dîné puisque le repas de Dany est prêt, déposé en bout de table. Ce soir, il s'est un peu attardé car les Malherbe, qui logent à L'Imbaudière, lui ont demandé un service au moment où il allait rentrer : les aider à installer une vieille cuisinière. Il s'exécute sans se faire prier. Un apéritif offert par ses amis et il saute vite dans sa Ford. Les Malherbe pensent qu'il n'est pas loin de 22 heures, Dany leur dit qu'il ne lui reste que quatre heures à dormir, ils ne le retiennent pas.

À La Goualtière, Robert et Renée Leprince ont eux aussi eu une journée bien remplie entre les bêtes et les champs. Le mari, épuisé, ne va pas tarder à se coucher alors que sa femme veut encore peindre la porte de l'étable. La nuit tombe, elle s'arrête. Elle range son pinceau dans le cabanon du jardin, puis se met enfin à table. Elle entend la voiture de Dany qui passe devant la ferme et songe qu'il doit être aux environs de 21 h 40, ce qui l'inquiète un peu puisqu'elle sait qu'il doit se lever à 2 h 30 du matin...

Lorsque, rompu, Dany arrive chez lui, Martine pense qu'il doit être 21 h 30. Calée dans un fauteuil, elle regarde la télévision pendant qu'il dîne avec appétit. Les filles sont déjà endormies, il ne les voit pas. Il va ensuite prendre une douche pour vite aller se coucher. Il tombe littéralement de sommeil dans son lit. Lorsque Martine va le rejoindre dans leur chambre, elle se glisse furtivement entre les draps pour ne pas le réveiller, mais il dort déjà profondément.

Mme Claudette Froger, qui habite une maison presque en face de La Goualtière, la plus proche de celles des frères Leprince, fait sa dernière sortie de la journée. Pendant que son mari regarde la télévision, aidée de son grand fils de quatorze ans, elle rassemble ses dindes pour les diriger vers leur bercail. Elle se dit qu'il doit être 22 h 15 et qu'il est temps de rentrer. Elle appelle son chien et jette un œil vers les maisons de ses voisins. Tout est calme.

La campagne commence à s'engourdir. En somme, un dimanche tout à fait ordinaire.

2.

Et la sirène d'alerte déchire la quiétude du village...

8 h 30 passées, à la poste de Thorigné, le receveur est surpris de l'absence de Brigitte. « Elle est si ponctuelle, à moins qu'elle soit malade... mais non, elle aurait prévenu ! »

9 heures, une demi-heure de retard, ce n'est pas normal. Il empoigne le téléphone et appelle la carrosserie pour signaler la situation à Christian Leprince. C'est Christophe Galbrun, l'ouvrier de confiance, qui lui répond. Il lui fait également part de son étonnement, de son inquiétude même : son patron n'est pas encore arrivé et cela ne lui ressemble pas. En plus, chez lui, le téléphone sonne dans le vide. Il décide d'envoyer immédiatement un autre employé, Franck Leprêtre, jusqu'au domicile de Christian.

Nelly Hatton tourne et vire dans sa maison. Habituellement, sur le chemin de son travail, vers les 8 h 20, Brigitte lui amène Solène à garder. Il est 9 heures, même pas un coup de fil de sa part et pas moyen de la joindre au téléphone. Elle a également contacté le garage. La nounou décide de se rendre chez ses employeurs.

Franck Leprêtre arrive sur les lieux, il doit être 9 h 05. Pas un seul bruit ne s'échappe de la maison de Christian et Brigitte. Pourtant, leurs voitures sont là, sagement garées. Sur le portail d'entrée, l'homme remarque des traces de sang. Une gamine a dû se faire mal, songe-t-il.

Il s'avance vers la porte d'entrée et appelle son patron. Il appelle, rien ne bouge. Il fait alors le tour du bâtiment ; cette fois, il hurle. Mais toujours pas de réponse. Il revient alors vers la porte d'entrée entrouverte. Il la pousse...

Ses yeux se révulsent, pas un son ne peut sortir de sa bouche assaillie de nausées. Une vision cauchemardesque vient de s'imprimer à jamais dans sa mémoire. Sa raison vacille devant l'horreur. L'horreur en pire.

Juste à l'entrée, Christian, dont le visage est méconnaissable tellement on s'est acharné sur lui, gît dans une mare de sang ; son jean est baissé jusqu'au-dessous de ses fesses, ses jambes ont été déposées sur le corps de la petite Sandra, désarticulée, horriblement massacrée. Brigitte est en chien de fusil, dans la cuisine, elle n'est plus qu'une plaie dont le sang a éclaboussé jusqu'à la porte menant au garage. Son yaourt est renversé, à côté de la cheminée, là où elle a été agressé. De toute évidence, elle a fait front aux tueurs. La pauvre Audrey, à quelques pas de sa mère, a subi le même épouvantable sort.

Empreint de cette sauvage tuerie, visiblement à l'arme blanche, d'une inhumanité et d'une violence inouïes, Franck Leprêtre court jusqu'au garage pour donner l'alerte. Il arrive, haletant et décomposé. Il raconte, par saccades. Christophe Galbrun s'affaisse sur un tonneau d'huile. Il reste là, comme fossilisé, des larmes creusant ses joues, prononçant un flot de paroles inaudibles. Il ne peut pas y croire.

L'alerte donnée, Franck Leprêtre, accompagné de Laurent Aubry, un autre employé, retourne vers cette maison qu'ils maudissent déjà, pour attendre les secours.

Lundi 5 septembre 1994, vers 9 h 15, la sirène hurlante crève le ciel de Thorigné-sur-Dué. Les pompiers volontaires accourent vers leur casernement où les moteurs vrombissent déjà. Une rumeur se répand de bouche à oreille ; un terrible malheur vient de s'abattre sur le village : la famille de

Christian Leprince serait entièrement décimée, à cause d'une explosion de gaz.

Nelly Hatton, qui a fait la même découverte, est vite allée prévenir la mairie. En fait, ils se sont croisés, elle et les ouvriers de la carrosserie, mais sans se rencontrer puisque chacun a emprunté un chemin différent.

Les ouvriers retrouvent la nounou devant la maison de l'horreur. Laurent Aubry aperçoit alors Célia et Martine sur un tracteur, « bien guillerettes », travaillant dans un champ à une cinquantaine de mètres de là. Il les interpelle pour leur annoncer la terrible nouvelle.

Martine accourt. Elle veut pousser la porte. Elle veut entrer pour voir s'il n'y a pas au moins une fille à sauver. Les gens l'en empêchent. Ensuite, elle veut entraîner Nelly Hatton dans les champs pour tenter de retrouver la petite Solène, répétant sans cesse que sa nièce est peut-être vivante. Les personnes présentes, déjà sonnées, sont un peu interloquées. Mais elles admirent sa force et sa présence d'esprit.

Alain, le benjamin, et Renée Leprince ont accouru dès qu'ils ont été prévenus. Le petit frère est effondré, il balbutie, il suffoque, il crie. Renée Leprince fait des mouvements de va-et-vient, elle hurle sa douleur, se tire les cheveux, pleure bruyamment, laisse échapper des bribes de phrases : « Fallait que ça nous arrive, à nous ! » Elle est groggy, K-O debout. Personne n'ose lui parler. Et pour lui dire quoi, dans ces effroyables circonstances ?

Seule Martine est là pour la soutenir.

Les gendarmes et les pompiers arrivent enfin. Tous sont retournés à la vue de ces corps affreusement mutilés, baignant dans une mer de sang. Le Dr Bouzard, médecin à Thorigné, prenant toutes les précautions d'usage, comme tous ceux amenés à entrer dans le décor de la tragédie, entend une enfant pleurer. C'est la petite Solène, debout et bien vivante devant son lit, dans sa chambre. Il la prend dans ses bras et l'emmène doucement vers l'extérieur, où les gyrophares balaient ce matin sanglant. L'enfant se porte bien, ne souffre d'aucun traumatisme, elle est même étonnamment propre, comme si elle venait d'être changée. On met la petite dans les bras de sa nounou, qui s'étonne de l'attitude de Martine qui n'a pas un seul regard pour sa nièce, unique rescapée. Il faut dire qu'en de telles circonstances deux hypothèses restent possibles : on s'effondre ou on fait front, ce qui peut apparaître comme de la froideur.

Dany, qui est à son travail depuis 3 heures du matin, a été prévenu : « Viens vite, il s'est passé quelque chose de grave chez ton frère. »

Il arrive donc le dernier sur les lieux. Il arrête sa Ford et n'a pas le temps de retirer sa ceinture de sécurité que son frère Alain, en larmes, crie et se jette dans ses bras. Dany, stupéfait, se liquéfie. L'un des pompiers qui les regarde fait cette réflexion : « De toute évidence, l'un des frères est au courant, l'autre pas. » Il voit alors Martine s'avancer vers la voiture et l'entend dire à son mari : « Je vais t'expliquer... Tout le monde est mort. » La tête entre les mains, Dany s'effondre.

Le maire, qui est venu aussitôt, remarque également la souffrance exacerbée de Renée Leprince, qui contraste avec le détachement de Martine. Il pense que cette dernière a du cran et qu'elle n'a pas approché la vision d'horreur de la maison.

Patricia, la sœur de la pauvre Brigitte, arrive, complètement brisée, en début d'après-midi. Sur le chemin, elle croise Dany, qui lui dit entre deux sanglots : « Ma femme est à la maison. » Toute sa vie, Patricia se souviendra du sourire, qu'elle juge narquois, par lequel Martine l'accueille, pendant que Célia repasse et que ses sœurs regardent la télévision, le son à fond. Sur la terrasse, les cordes à linge ploient sous les vêtements fraîchement lavés qui flottent au vent. Patricia sait que Martine est dure au mal, qu'en toutes circonstances elle fait face, mais elle reste choquée tellement elle est fragilisée par l'horreur qui la frappe de plein fouet et en plein cœur.

La petite Solène, miraculée de la tuerie, est en lieu sûr chez sa nounou. Elle est en excellente forme et ne semble pas perturbée. Lorsqu'elle a été découverte dans sa chambre, alors que la maison était éclaboussée de barbarie, tout le monde a été stupéfait de l'état de cette pièce : pas la moindre empreinte, pas la plus petite tache de sang, ni sur la moquette, ni sur les draps du petit lit, ni même sur la poignée de la porte...

Solène est la première énigme de cette terrifiante barbarie.

Le 4 septembre 1994, anecdote tragique, était la date anniversaire de mariage de Brigitte et Christian.

3.

Premiers constats et interrogatoires

Quelques heures plus tard, l'enquête est lancée. Le capitaine Roger Lembert, de la section de recherches d'Angers, s'en voit confier la direction diligentée par les gendarmes de Connerré et du Mans. L'instruction sera menée par la juge Céline Brunetière.

D'emblée, ils doivent affronter une situation complexe : la France est en émoi, toute la presse est là. La hiérarchie est fébrile. On les imagine comme « asphyxiés » par une pression énorme.

Première reconstitution

Le légiste constate des multiples coups de couteau et des plaies aussi larges que profondes pouvant avoir été causées par un hachoir ou un instrument semblable.

Près de la boîte aux lettres, devant la maison de Christian Leprince, dans une flaque de sang, on retrouve un morceau de cervelle. Sous une rangée de thuyas, un doigt lui appartenant. Son corps a été traîné jusque dans la maison, d'où le pantalon baissé selon les enquêteurs.

Dans la salle de bains, toujours du sang, partout, jusqu'au plafond ; c'est là qu'un monstre s'est acharné sur la petite Audrey. Un coup porté par un objet tranchant a laissé une trace visible sur la machine à laver. Le petit corps martyrisé a été également tiré jusque devant la porte de la chambre de ses parents. À côté du cadavre de Brigitte, un tisonnier : elle s'est défendue avec acharnement face aux bourreaux... Elle porte même des blessures, dites de défense.

La porte de la cuisine menant au garage est verrouillée. Pour y accéder, les gendarmes brisent un hublot de la porte extérieure à double battant. Ils n'ont pas retrouvé la clef : les portes ont été bouclées de l'intérieur. Donc, au moment où ils pénètrent par effraction, on peut logiquement penser que quelqu'un s'y était enfermé. Or, personne. Énigme. C'est un fait qui paraît insolite, mais les enquêteurs ne s'y attardent pas. En revanche, ils vont dresser un inventaire minutieux du congélateur, jusqu'à la dernière courgette.

Plusieurs couteaux ont été utilisés par les bourreaux, un en inox, la lame cassée, retrouvée sur les lieux, un second retrouvé dans le tiroir de Martine. On pense également à une feuille de boucher. Il faut dire que dans la région cet instrument est monnaie courante dans les fermes.

On relève des traces de pas féminins, ainsi qu'une empreinte de Dr Martens et deux ADN masculins sur les manches de couteaux. D'autres traces, dont des empreintes digitales, sont relevées ; une restera inconnue, les autres seront attribuées aux victimes.

Les gendarmes trouvent un bouton à côté du corps de Sandra. Peut-être arraché à l'un des assassins, puisqu'il n'appartient pas aux victimes. Je suis navré, car cette pièce à conviction, à mes yeux importante, va être engloutie par la trappe des pertes et profits. Après constat, on n'en retrouve même plus l'existence dans tout le dossier. Pourtant, j'aurais tant aimé savoir à quelle chemise il était cousu et qui portait ce vêtement ! Et il explique peut-être le fait que la pauvre petite Audrey a été traînée de la salle de bains vers la chambre de ses parents. Une bête immonde a dû remarquer qu'il lui manquait un bouton et, croyant que c'était elle qui le lui avait arraché en se débattant, a déplacé son corps. Enfin, dans les mains mutilées de l'enfant, on retrouve une mèche de cheveux à l'ADN invérifiable puisqu'ils n'ont pas de bulbe. Ce qui signifie qu'ils ont été coupés.

Dix ans après les faits, je découvre cette terrible histoire. Renée Leprince, en plein désespoir face à un jugement qu'elle n'accepte pas, me contacte via mon association, Action justice. Après m'être plongé dans le dossier, je m'engage à leurs côtés avec la conviction que Dany Leprince est innocent et que son procès mérite d'être révisé.

Mais qu'ont pu faire ces pauvres gens et ces innocentes petites filles pour inspirer un acharnement aussi haineux, aussi violent, aussi monstrueux ?

Qui a pu être capable de commettre une telle boucherie ?

À ce jour, l'interrogation subsiste...

Bien en évidence sur le bureau de Christian, les gendarmes découvrent la vieille reconnaissance de dettes de dix mille francs, prêt consenti par Christian à son frère Dany.

Premiers témoignages

Après l'horreur et la stupeur, les enquêteurs vont immédiatement entendre les premiers témoins. D'abord ceux de Martine, Célia et Dany. Tous s'accordent quant à l'emploi du temps du dimanche 4 septembre. RAS.

PROCÉDURE
CRIME FLAGRANT
PROCÈS-VERBAL D'AUDITION DE TÉMOIN

Le 5/09/94

COMPAIN, épouse LEPRINCE, Martine

F/Née le 6/11/1956

Exploitante agricole et demeurant « La Groie » à THORIGNÉ-SUR-DUÉ qui entendue séparément nous déclare à 11 heures.

/…/

Ce matin, j'ai quitté ma maison vers 7 h 45 et j'étais un peu en retard. Mon mari était à son travail vers 3 h 30 à la SOCOPA. Je suis allée à mon exploitation située à environ cinq cents mètres de notre pavillon. Comme d'habitude j'ai regardé machinalement vers la maison de Christian, et j'ai vu leur voiture, à savoir une Ford Sierra bleu-vert et une 4L bleue. Les volets de derrière étaient fermés mais je n'ai pas été surprise de voir les deux voitures puisqu'il arrive à Christian de partir à 8 heures. Il prend normalement la Renault 4. En plus, il arrive à Brigitte de prendre à 9 heures, donc il était entièrement normal de voir les deux voitures. De plus, les volets des chambres fermés, cela est parfaitement courant.

Pour moi, je pensais qu'ils étaient encore en vacances. En fait, il n'y avait rien d'anormal qui puisse attirer mon attention.

Je suis revenue de l'exploitation vers mon pavillon vers 8 heures afin de soigner les moutons qui sont à côté de chez moi.

C'est à ce moment-là que deux ouvriers de Christian

sont venus au pied du grillage en me disant vient vite tout de suite. Ils ont refusé que je rentre dans la maison mais m'ont informé de leur découverte. Je ne connais pas le nom des ouvriers. Je les ai suivie jusqu'au seuil de la porte, j'ai voulu rentrer surtout pour les filles, me doutant qu'il y avait eu quelque chose au niveau des parents, voyant le sang sur le sol. J'ai eu le temps de pousser la porte, avant qu'un des ouvriers m'empêche de rentrer.

Les ouvriers m'ont dit de ne toucher à rien, que les gendarmes allaient venir. Vers 9 heures, la nourrice, Mme MOIREAU, Nelly est venue et m'a confié qu'elle était venue ne comprenant pas que la petite Solenne ne lui avait pas été confiée comme cela aurait dû l'être. Il faut préciser que même lorsque les deux plus grandes étaient en vacances, la petite était en nourrice. Elle m'a déclaré être venue déjà une première fois, qu'elle avait vu Christian, que ce n'était pas beau et semblait fortement choquée.

Mme MOIREAU m'a dit qu'il y avait du sang jusqu'à la boîte aux lettres. Nous avons donc fait un tour rapide des environs pour voir si l'un des enfants n'agonisait pas dans une fosse.

Mon mari s'est levé ce matin à 2 h 30 pour prendre son emploi à 3 h 15-3 h 30 à la SOCOPA à CHERRÉ. Il a pris notre voiture, une FORD SIERRA. Je me suis rendormie et j'ai été réveillée, mais je ne peux pas dire à quelle heure, par le bruit d'une voiture ayant un pot d'échappement bruyant. Je peux dire qu'elle ne s'est pas arrêtée dans notre cour, sinon mes chiens auraient aboyé, ce qu'ils n'ont pas fait. Je ne me suis pas inquiétée de cette voiture car le bruit ressemble à la voiture du collègue de travail de mon mari, et qui le prend de temps en temps. Ce collègue se nomme Jean-Luc MALHERBE qui demeure dans la maison de notre exploitation, c'est-à-dire au lieu-dit « L'Imbaudière ». La voiture de Jean-Luc est une Peugeot 205 noire. Après la découverte du décès de Christian, alors que je ramenais ma belle-mère chez elle, je suis passée voir la concubine de MALHERBE, Jean-Luc. Elle était toujours couchée et elle m'a informé que Jean-Luc avait commencé ce matin à 6 heures. J'en ai déduit que ce n'était pas sa voiture que j'avais entendu cette nuit. Je suis franchement incapable de donner une heure sur le passage de cette voiture. Je n'ai entendu aucun cri ou appel au cours de la nuit.

Lorsque Jean-Luc prend mon mari pour aller au travail, il descend jusqu'à la fenêtre de notre cuisine.

Je dois dire que pour que j'entende cette voiture de la chambre c'est qu'elle faisait vraiment du bruit. Elle ronflait dur. Je ne sais pas s'il s'agissait du pot d'échappement ou un démarrage rapide.

Il est très rare que des gens viennent dans notre chemin et je dois dire que je n'ai vu personne depuis un bon moment. Seuls des habitués viennent me voir tout comme pour Christian.

La dernière fois que j'ai vu Christian, c'est hier après-midi, vers 16-17 heures, en train de tondre. Sandra et Audrey étaient chez moi. Brigitte m'a appelée depuis la fenêtre de sa chambre alors que je sortais mes poubelles, vers 18 heures-18 h 15. Elle désirait que ses filles rentrent à la maison. Mon mari est parti vers 13 h 30 pour labourer, et est rentré à 21 heures. Il ne m'a pas dit avoir rencontré Christian.

Mon époux a mangé, pris sa douche et s'est couché car il se levait de bonne heure. Quant à moi, j'ai regardé la télé, à savoir le film sur la 6, dont je ne connais plus le titre, traitant d'une femme qui voulait un enfant. Ensuite, j'ai regardé Culture Pub et je suis allée me coucher à 23 heures. Pendant tout ce temps, mes chiens n'ont pas aboyé et je n'ai rien entendu.

Je dois préciser qu'en réfléchissant, Christian a une Triumph dans son garage qui fait un bruit sourd. J'avais une hantise pendant que Christian était en vacances, c'était que quelqu'un vienne lui voler cette voiture.

Je peux vous dire que j'exploite tous les terrains qui sont autour de notre maison. Les champs situés face au domicile de Christian mènent à la maison de M. FROGER Didier travaillant à la commune, et après nous reprenons la route et nous arrivons chez mes beaux-parents puis à la ferme que j'exploite.

Il m'arrive de traverser le champ pour aller chercher mon mari afin qu'il rentre à la maison. Habituellement, il y a nos vaches dans ce pré. Ces bêtes restent une heure ou deux dans ce pré mais elles sont rentrées toutes les nuits. Ce matin, mes beaux-parents ont traversé ce champ pour venir sur les lieux.

Pour le moment, je ne vois vraiment rien de plus à vous dire et je le répète, je ne connaissais aucun ennemis à la famille de Christian ou à lui-même.

Je peux dire par contre que des handicapés moteurs et physiques sont placés dans un château à THORIGNÉ. Ils ne sont pas méchants, sont totalement autonomes, ont un droit de sortie et passent de temps en temps sur la route de THORIGNÉ-BREIL.

/.../

Le 5 septembre 1994 à 14 h 50, de nouveau entendons Mme COMPAIN épouse LEPRINCE, Martine qui déclare :

J'ai oublié de vous dire, en parlant avec mon mari, il me semble hier matin, en revenant de la ferme avec mon mari, nous avons remarqué chez Christian, une Renault 6 de couleur marron clair, ni marron, ni beige clair, avec une galerie à barres noires (deux barres), j'ai vu deux personnes qui discutaient avec Christian à côté de la voiture et il y avait une troisième personne qui était derrière qui semblait petite. Les deux personnes dehors étaient deux hommes dont je ne peux vous fournir aucun détail. J'ai simplement pensé que des gens venaient embêter Christian à son domicile pour une réparation. J'ai vu la voiture remonter, et il m'a semblé que Christian était assis à l'avant droit de la voiture, je ne sais pas où est allée la voiture. Ce devait être vers 9 h 30 ou 10 heures. J'ai pensé que Christian allait voir une voiture accidentée. Je suis allée vers 11 heures dans le bourg pour prendre de l'essence, et j'ai vu la Renault 6 circuler dans le chemin de CARDUN, il revenait par ici, je ne sais pas qui était dans la voiture.

Je suis formelle c'était hier matin. Je n'avais jamais vu cette voiture.

*
**

PROCÈS-VERBAL D'AUDITION DE TÉMOIN

LEPRINCE Célia
Née le 25/12/1978 à LE MANS (72) France,
Demeurant, « La groie »,
72160 THORIGNÉ-SUR-DUÉ,
fille de Dany et de COMPAIN Martine,
célibataire, lycéenne, nationalité française,

qui déclare le huit septembre mil neuf cent quatre-vingt-quatorze à 11 heures :

Hier matin, j'ai fait la rentrée scolaire à l'institut rural d'orientation et d'éducation de BERNAY-EN-CHAMPAGNE. Je suis actuellement en première année de BEPA 1. Je suis dans cet établissement depuis la 4e. Hier, c'est ma grand-mère maternelle qui m'a conduite à l'école. Depuis que je suis dans cet établissement, je n'ai eu aucun contact avec mes parents ou grands-parents paternels. Je n'ai pas lu la presse ce matin, sur ce qui a pu se passer depuis hier soir et d'ailleurs les journaux n'arrivent qu'à 10 heures.

Je comptais téléphoner à mes parents cet après-midi afin de prendre de leurs nouvelles et en donner des miennes.

Actuellement je suis la seule fille dans ma classe, qui se compose de douze élèves. Personne n'a fait allusion tant au niveau des élèves que des professeurs à ce qui est arrivé dans notre famille, à THORIGNÉ-SUR-DUÉ.

En ce qui concerne la journée du dimanche 4 septembre 1994, je me suis levée entre 9 h 30 et 10 heures. J'ai soigné ensuite mes animaux, à savoir, des « biques » et des moutons. C'est mon père qui a nourri le cochon. Lorsque je me suis levée mes parents étaient déjà partis à la ferme de « L'Imbaudière » toujours à THORIGNÉ-SUR-DUÉ. Nous avons mangé tous les cinq ensemble, vers midi.

Je suis restée l'après-midi à la maison, où se trouvaient également mes deux petites sœurs. Pour occuper ce temps, j'ai joué à des jeux de société avec mes sœurs. Mes parents sont partis ensemble avec la voiture rouge sans me dire où ils se rendaient, mais je suppose qu'ils allaient à la ferme. Je n'ai pas la notion du créneau horaire de leur départ. Mes parents sont revenus à la maison aux environs de 16 heures, toujours avec la voiture rouge. Nous sommes restés tous les cinq, ensemble dans la maison. Avant de manger, mes parents, ma sœurs Marion et moi, avons fait une partie de « Scrabble ». Comme tous les jours, nous avons regardé la télévision tous ensemble après avoir dîner. Ce soir-là, il y avait un film sur la 1 et qui s'intitulait je ne sais plus comment, mais il y avait le nom de « Tatie » et ça parlait de plusieurs grands-mères.

Je n'ai pas vu ce film entièrement, car comme j'étais fatiguée, je suis allée me coucher vers 22 heures. Mon père était parti se coucher depuis à peu près un quart d'heure. Je ne me suis pas endormie de suite et j'ai entendu maman qui allait se coucher, il était 22 h 20 environ.

Je suis formelle, mes parents sont arrivés ensemble en milieu d'après-midi. Je situe le milieu d'après-midi vers 16 heures, 16 h 30.

En fait, en ce qui concerne le film, c'est lundi soir que l'on a regardé ce film en compagnie de mes grands-parents paternels. Pour la journée de dimanche après-midi papa est parti avec la 4L rouge et maman est partie un peu plus tard avec la 4L à Christian. Je ne sais pas où maman est partie par contre papa est parti labourer les champs. Maman est revenue en fin d'après-midi. Elle est allée voir Brigitte pour lui rendre la voiture. Elle est restée un petit moment, je ne sais pas exactement combien de temps. Elle est revenue chez nous pour préparer à manger. Elle portait, il me semble, un cycliste en coton de couleur verte et blanche et un pull bleu, avec des écritures blanches au milieu. Il me semble qu'elle portait des chaussures noires. Mon père est arrivé alors que nous étions à table, je situe l'heure vers 19 h 30 par rapport aux informations sur la chaîne 3.

Il portait un jean couvert de noir et un maillot noir, l'ensemble était tout « dégueulasse ». Il a pris sa douche avant de passer à table où nous arrivions à la viande. En fait je ne me souviens pas du film que nous avons regardé à la télé.

Je ne me souviens pas de ce que mon père a fait entre le moment où il a labouré et le moment où il est revenu chez nous.

Alors que je préparais à manger et que mon père n'était pas arrivé, j'ai entendu une voiture vers chez Brigitte, elle a dû rester cinq minutes.

En ce qui concerne le drame j'ai entendu dire que Christian avait dû s'enfuir parce qu'il y avait du sang au pied de la boîte aux lettres. Je n'ai pas remarqué cela et je ne suis pas allée voir par la suite.

En ce qui concerne l'exploitation, nous avons différents animaux et de ce fait il nous arrive de tuer le cochon. C'est maman qui se charge de cette tâche. Elle tue le cochon avec un couteau au niveau de la gorge. Donc le principe est d'attraper le cochon, de le mettre dans une « soue ». Après on l'attrape par la patte arrière. On lui passe une longe au pied et on le pend vivant sur une échelle debout, le dos contre les barreaux. Après l'avoir brûlé et gratté, il est débité. C'est toujours maman qui fait ça. Papa n'aime pas trop ça. En ce qui concerne le débit de l'animal, c'est maman qui s'en charge. Elle a le matériel pour ça. Elle a un genre de couteau à lame large de 15 cm environ et qui fait entre 20 et 30 centimètres qui sert à séparer les côtes mais je ne l'ai pas vue s'en servir. Je ne sais pas de quelle couleur est le manche car, en général, je ne suis pas là lorsqu'elle tue le cochon. Je n'aime pas ça.

*
**

Ensuite, Nelly Hatton rapporte sa péripétie macabre, la découverte de Solène qui, à l'époque, du haut de ses deux ans, ne dit que « papa » et « maman ». Lorsque le docteur la lui remet, son pyjama est très propre mais sa couche est sale. Elle n'est pas du tout en état de choc et se porte bien. La nounou se déclare toujours interloquée par la froideur de Martine à l'endroit de sa nièce et par le fait qu'elle ait voulu la chercher dans les champs. Elle envisage même que la petite ne fût peut-être pas sur les lieux au moment du massacre, vu les circonstances et l'état dans lequel elle a été retrouvée. Énigme dans l'énigme : mais où aurait-elle pu être ?

Les frères Malherbe et leurs copines confirment la journée du dimanche 4 septembre. Selon eux, Dany n'aurait pas pu rentrer chez lui avant 22 heures et il a bien fait la réflexion : « Il me reste quatre heures à dormir. » Ils ont remarqué qu'il portait un jean poussiéreux.

Les enquêteurs interrogent également la plus proche voisine, Mme Claudette Froger, qui est restée dehors jusqu'à 22 h 15 pour rentrer ses dindes. Elle affirme qu'elle n'a absolument rien relevé de suspect, pas de bruit de voiture, pas le moindre cri. Son fils qui l'accompagnait non plus. Elle ajoute que si cela avait été le cas elle aurait immédiatement prévenu son mari et que, s'il s'était passé quelque chose près des maisons Leprince lorsqu'elle était à l'extérieur, son chien, qui les connaissait bien, aurait aboyé et serait parti dans leur direction.

Embardée médiatique

La soirée est terrible chez Martine et Dany. Leurs parents respectifs sont là, déboussolés, abattus, laminés.

Dany, manifestement en état de choc, n'a pas envie de passer la nuit chez lui, si près du drame. Selon M. Compain, le père de Martine, celle-ci s'étonne : « Mais pourquoi ne pas dormir ici ? Il n'y a aucune raison ! » Une fois encore, elle déconcerte tout le monde par sa froide distance avec la tragédie et les victimes, exécutées à quelques mètres de là. Célia fait la même démonstration que sa mère, sidérant un peu sa grand-mère maternelle, qui en témoigne. Michel Menard, agriculteur à Thorigné, dit d'elles : « Martine semble être la main dans la main avec sa fille. Pour moi, elles sont identiques et donnent l'impression d'être très fortes de caractère, du style de gens qu'on n'arrête pas, et ce, dans tous les domaines. »

La grande majorité des témoignages après le drame convergent concernant le comportement des deux femmes, à tel point que je me suis interrogé sur la possibilité de sérieuses animosités qu'elles auraient pu s'attirer dans le village ; mais il n'y en a aucune. Elles sont simplement comme ça, cela semble imprégné dans leur nature, et chacun d'y aller d'un compliment sur leur force de caractère et leur capacité de travail.

Dany est, à l'unanimité, désigné comme une personne totalement effondrée et en grande souffrance.

La terrible nouvelle a ébranlé la France entière. Thorigné-sur-Dué est immédiatement embarquée par la frénésie d'un torrent médiatique, qui fouille, traque, de porte en porte, harcèle pour arracher l'indice, le moindre mot pouvant faire la une. Martine et Dany sont les premiers pourchassés. Mme Froger et Nelly Hatton voient leurs maisons cernées par les micros et les caméras, comme tous ceux qui pourraient avoir un détail croustillant à livrer. Les gendarmes ne peuvent plus faire le moindre pas sans être escortés par une nuée de journalistes. Les gens, profondément bouleversés, s'agitent dans tous les sens, portés par un vent de terreur. Ce soir, dès le crépuscule, toutes les lourdes portes seront verrouillées à double tour.

Quelques curieux s'aventurent vers les maisons Leprince, se frayant un passage entre les reporters en quête du scoop. Mais ils restent pétrifiés, comme s'ils entendaient d'outre-tombe les hurlements désespérés des suppliciés.

4.

Les gendarmes exercent leur pas de charge

Le 6 septembre 1994, les enquêteurs commencent à confronter les résultats des premières investigations. Rien plus zéro, ça ne fait pas grand-chose.

Selon les premiers témoignages de Martine, Célia et Dany, personne n'aurait rien vu ni rien entendu. Vu la proximité des maisons, c'est forcément impossible, puisque cette abominable tuerie s'est déroulée sous leurs fenêtres, autant dire sous leurs yeux.

Dany, selon les Malherbe, n'aurait pas pu rentrer avant 22 heures. Sa mère l'aurait entendu passer vers 21 h 40, ça se recoupe. Selon Martine, son mari est rentré à 21 h 30. Et c'est sur ce dernier horaire, bien approximatif par rapport aux repères donnés par les autres, que Dany s'aligne avec un certain entêtement. Alors que s'il dit être revenu à

22 heures, il se met à une faible portée du fusil des enquêteurs.

Les Malherbe signalent un fait qui leur paraît insolite : lorsque Dany s'attarde trop à la ferme, Martine vient le chercher et, ce soir-là, ils s'étonnent qu'elle ne soit pas venue. Le 6 septembre, elle se rend chez eux pour leur dire qu'ils seront surpris en apprenant qui est l'assassin. Ils en restent bouche bée et s'interrogent : que veut-elle dire par là et à qui pense-t-elle ?

Nous savons que Christian et sa famille rentrent à leur domicile à 20 h 50. Comment ? Par ce coup de téléphone donné par Brigitte à son père, répertorié sur la liste des appels de France Télécom. Ensuite, la pauvre n'a même pas le temps de finir son yaourt ni de coucher ses filles. Comme sa femme, Christian est encore habillé. On peut raisonnablement penser que les assassins guettaient et ne leur ont pas laissé le temps de se dévêtir... Ce pot de yaourt renversé prouve qu'il y a eu intrusion sans la moindre discussion.

Il ne peut guère pouvoir en être autrement.

On peut penser que Dany Leprince n'est peut-être pas encore rentré, mais cela n'est qu'une supposition. En revanche, Martine, Célia, Marion et Pauline sont quasiment sur les lieux au moment du massacre, puisqu'elles sont dans leur maison, à quinze mètres.

Pendant que leur mère installe la bibliothèque, les petites jouent avec leurs cousines jusqu'à 18 h 30, moment où Brigitte les fait appeler par sa belle-sœur. Martine avec ses filles sont là en permanence depuis 17 h 30, en face, jusqu'au moment où leurs voisins partent dîner ; et, lorsqu'ils rentrent, elles sont encore bien là. C'est établi.

Obligatoirement, elles ont vu et entendu. Sur la seule logique des lieux et des horaires, il ne peut pas en être autrement. Détiennent-elles la clef de toutes les énigmes de ce terrible carnage ? Les enquêteurs en sont immédiatement persuadés. Parce que ça devait supplier fort et hurler sous leurs fenêtres ! À vous déchirer les tympans, à vous faire exploser la tête ! Les gendarmes constatent avec effarement que, malgré les hurlements, personne n'a rien tenté pour secourir les suppliciés. Pas même donné l'alerte.

Christian, Brigitte, ainsi qu'Audrey et Sandra qui, un moment avant, jouaient avec leurs petites cousines, ont été littéralement dépecés sans que personne ne leur vienne en aide. La juge et les enquêteurs sont immédiatement persuadés que les coupables sont à traquer dans le « clan Leprince ».

Le carnage de Thorigné-sur-Dué semble prendre la forme d'une nouvelle affaire Dominici. On chuchote, on murmure, on pense que... La pression est grande, elle se boursoufle et tombe de toute part, de la hiérarchie, des médias, de l'opinion publique en alerte rouge.

Rebondissements

Le vendredi 2 septembre, Martine doit tuer un porcelet pour M. Triffault. Dans son garage, elle ouvre son tiroir à couteaux à manche jaune et remarque que sa feuille de boucher n'y est pas. Cela ne l'inquiète pas parce qu'elle pense l'avoir prêtée, comme elle le fait souvent. En plus, pour abattre cet animal, elle n'en a pas besoin. Elle n'en fait donc aucun cas. Le 5 septembre, un gendarme ouvre le même tiroir et Martine voit ce qu'elle sait déjà : il n'y a pas sa feuille de boucher parmi ses couteaux.

Deux jours plus tard, aux actualités régionales, on évoque la possibilité que ce soit justement une feuille de boucher qui ait pu être utilisée pour décimer cette famille. Et là, subitement, étonnant tout le monde, Martine s'emporte, comme si elle venait juste de découvrir qu'elle n'avait plus son instrument. Elle vient de se souvenir qu'il y a un outil semblable chez sa belle-mère. Il faut absolument aller le chercher ! Elle appelle les gendarmes ainsi qu'un ami intime de la famille, M. Bobet, qui travaille à la mairie de Thorigné. Comme les journalistes gravitent par nuées dans les alentours, c'est lui qui est désigné pour aller chercher discrètement la feuille de boucher chez Renée Leprince : du « grand professionnalisme » de la part des enquêteurs.

À vrai dire, même la juge est intriguée par le comportement de Martine. Elle lui pose la question de cet empressement. Martine lui répond : « Je ne sais pas... »

Renée Leprince remet à M. Bobet une feuille de boucher, rangée dans une boîte rouge avec des couteaux. Sur le manche est gravé « J.M. Deve », un employé de la Socopa. Martine, qui ne veut plus voir cet outil, aussi dangereusement contondant que suspect, demande aux enquêteurs de s'en saisir. Ce qu'ils font sans regimber. Il deviendra une pièce à conviction.

Autant vous dire que les gendarmes vont ramer, d'audition en audition, pour connaître l'histoire de cette feuille de boucher sur laquelle Martine les a dirigés. De son côté, M. Deve n'a pas le souvenir de l'avoir donnée à qui que ce soit. En fait, il pourrait s'agir de celle d'Alain, le petit frère, ou peut-être de celle de Martine.

Il y a deux choses que l'on peut dire avec certitude. Premièrement, cette feuille de boucher n'est pas à Dany, il n'en possède pas. D'ailleurs, même si d'aucuns le disent boucher, il est incapable de couper une escalope avec un tel instrument. Il ne tue jamais les bêtes et, lorsque Martine et Célia en sacrifient une, il s'en va pour ne pas assister à la scène, ne supportant pas la vue du sang. À la Socopa, il emballe de la viande hachée, c'est tout. Il ne manie ni feuilles ni couteaux.

Seconde certitude, dans la salle de bains où la petite Audrey a été assassinée, la machine à laver porte la trace d'un objet contondant qui est désigné comme étant une feuille de boucher. Du fortement suggéré au presque non dit : rien ne pourra permettre d'affirmer que la feuille de boucher saisie chez Renée Leprince a été utilisée pour commettre la tuerie. On reste sur un fameux « peut-être compatible », un truc devenu usuel dans certaines expertises, lorsqu'on ne peut jurer de rien. Comme ça, l'accès à toutes les hypothèses est ouvert. Surtout pour l'accusation. Comme le déclarent Robert et Renée : « Notre porte d'entrée est ouverte de jour comme de nuit, ce n'est un secret pour personne... »

C'est la découverte de cette feuille de boucher qui déclenche et orchestre une garde à vue ratissée très large. Mis à part Marion et Pauline, confiées à la garde de M. Bobet, toute la famille Leprince, je dis bien toute, est répartie entre les gendarmeries de Connerré et du Mans. Les enquêteurs sont enfin à pied d'œuvre, sur leur propre terrain, avec la vision du massacre qui flambe dans leur tête.

Le 7 septembre, cette famille qui a passé toute sa vie dans les champs se retrouve séquestrée dans une cellule de fer et de béton. Autour d'eux : cris, bruits de brodequins, verrous qui claquent. Ici, ça pue la trouille et la pisse froide à en suffoquer...

Déboussolés par l'interrogatoire musclé des gendarmes, Robert et Renée Leprince se souviennent de leur désarroi face à eux. Ils font état de pressions, de menaces, d'injures et même de baffes pour lui. Ils viennent de perdre un fils, une belle-fille et deux petites-filles. Ils sont fragilisés, le cœur submergé de larmes. Déjà anéantis. D'un traumatisme irréparable l'autre. Il va être question encore et encore de la feuille de boucher retrouvée chez eux, jusqu'à ce que raison vacille. Alors qu'il est établi que cette fameuse feuille de boucher a toujours été là, bien rangée dans sa boîte, à disposition de tous. Renée, harassée à la seule lecture de ses déclarations, démantelée au fil des perquisitions, finit par dire que Dany lui a porté la feuille de boucher le 5 au petit matin en allant à la Socopa. Elle l'a retrouvée dans un carton, sur son évier, et l'a lavée, puisqu'on lui affirme que le manche était humide.

Ceux qui connaissent les gardes à vue vous diront que les gens qui y sont soumis subissent une torture morale et physique. Dans tous les cas, dans le cadre d'affaires aussi terribles, les enquêteurs sont écrasés par une intensité toujours grandissante, mis dans une situation toujours plus urgente, dans l'obligation de recueillir un maximum d'aveux en un minimum de temps. On comprend qu'ils y vont au forcing, voire aux forceps ! Un vrai charcutage moral bien dosé de peur physique, ingrédient indispensable aux aveux arrachés... Et puis, ils ont encore l'image de ces parents et enfants suppliciés devant leurs yeux, ils veulent coincer les salopards qui ont fait ça, coûte que coûte.

Renée Leprince se rétracte immédiatement et affirme à la juge Céline Brunetière qu'on lui a fait dire n'importe quoi sous la pression. Non, Dany ne lui a jamais rien apporté, pas plus la feuille de boucher qu'autre chose et elle n'a jamais trouvé quoi que ce soit dans un carton, sur son évier. Elle n'en démordra plus. La juge ne tiendra pas compte de ses dénégations, pas davantage des circonstances, et restera crispée sur les déclarations faites en garde à vue. D'ailleurs, tout va s'emboîter dans la « religion de l'aveu ».

Tout cela me fait penser à cette terrible affaire : le crime de la petite Dickinson. Raflé immédiatement par les gendarmes pour s'être signalé routard de passage, un dénommé Padé, pendant une garde à vue musclée, a tout avoué, tout, avec force détails ! Heureusement pour lui, des comparaisons ADN l'ont innocenté. Elles ont même permis de confondre le vrai meurtrier. Alors que l'on m'explique pourquoi et comment il a craqué, mais surtout où il a pris tous ces détails, que seul le criminel est censé connaître ? Sans l'expertise qui le sauve, ce pauvre bougre allait directement plonger dans la perpète.

Les déclarations commencent.

Célia, un peu pressurisée, va commencer à « raconter un cauchemar pas vrai ». Elle a entendu les chiens gueuler. Elle est sortie. Elle a vu un homme avec un bâton noir frapper son oncle Christian. Puis le cauchemar va se dissiper pour devenir réalité : elle a bien vu son père frapper son oncle, mais avec un objet au bout brillant. Christian hurlait sous les coups, mais elle entendait en même temps des hurlements stridents et des bruits dans les chambres de ses cousines. Elle n'a pas vu sa mère. Puis elle va se coucher, totalement terrorisée. Elle entendra la porte d'entrée sans savoir qui entre. Elle dit qu'elle a eu un sommeil agité. Elle déclare également que, pendant que son père frappe Christian, elle ignore totalement qui est à l'origine des cris stridents qu'elle entend dans la maison de son oncle. Elle fait également part de sa grande inquiétude de ne pas avoir vu ni entendu sa mère pendant une heure, puis jusqu'au lendemain matin.

Dès le début de sa garde à vue, Martine Leprince commence par confirmer son premier récit, puis elle vacille, se rétracte en manifestant des signes de fatigue. Au cours d'un repos où une gendarme veille sur elle, en plein sommeil, elle va cauchemarder. Poings en avant, comme pour se protéger le visage, elle hurle : « Arrête, arrête ! »

La gendarme prend acte et surtout bonne note.

Difficile d'entamer son interrogatoire dans ces conditions, d'autant que Martine récidive : elle semble encore pédaler dans un mauvais rêve, elle dort à nouveau en se protégeant le visage, criant « Dany, non ! Ça suffit ! » La gendarme continue de tout consigner. Sur ce, énorme crise d'angoisse. Le médecin doit intervenir.

Les gendarmes ont relevé quelque chose qui leur apparaît bigrement suspect : ils ont remarqué un coup récent, en train de bleuir selon leurs propres termes, sur l'arête nasale de Martine. Elle leur explique que c'est en frappant un cochon avec un tuyau semi-rigide que cela s'est produit. Avec un même tuyau, ils tentent une reconstitution, qui n'est pas concluante. Martine va tenter tous les gestes, elle ne parviendra jamais à se porter un coup au visage.

Ils veulent approfondir la question. Ils profitent de la visite du médecin de campagne pour lui montrer le nez tuméfié de Martine, qui lui donne son explication. Après un rapide coup d'œil, le docteur constate que l'ecchymose peut dater de quelques jours. Sachant que Brigitte s'est défendue avec un tisonnier, arme bien dérisoire face à la furie de son meurtrier, ordonnance griffonnée me semble un peu légère pour toute explication.

Dans le contexte d'une affaire aussi grave, où l'on doit tout vérifier scrupuleusement, n'était-il peut-être pas plus judicieux de faire procéder à une réelle expertise plutôt qu'à un examen sommaire ? Pour toute conclusion, les gendarmes vont alors se rendre chez le marchand de tuyaux pour récupérer un duplicata de la facture prouvant l'achat de Martine.

L'interrogatoire reprend et dérape vers une nouvelle version où Martine met en cause Dany. En préambule, on lui demande si elle n'a pas fait de cauchemar. Spontanément, elle répond par la négative. Non, elle a dormi profondément. Martine enchaîne : Dany est rentré vers 21 h 30, il a pris son repas en bout de table pendant qu'elle regardait la télévision. Lorsqu'il a terminé son repas, trois minutes après, elle apporte les reliefs du dîner aux chiens, dans le garage. Ils ne jappaient pas. Là, elle entend hurler. Elle voit Dany frapper son frère avec un objet brillant. Comme dans son cauchemar relevé par la gendarme, elle lui crie : « Arrête, arrête ! » Elle passe à côté de lui mais il n'entend rien, elle court chez Brigitte pour l'alerter, mais dès qu'elle ouvre la porte, elle découvre l'horreur.

Sa belle-sœur et ses deux nièces gisent déjà, atrocement mutilées. Elle n'a pas le courage d'aller plus loin. Elle ne pense qu'à ses filles, elle a peur pour elles. Martine rentre vite chez elle et se remet devant la télévision. Elle s'endort devant une émission. Elle ne voit pas Dany rentrer, mais lorsqu'elle va se coucher il dort déjà profondément. À 2 h 30 il part travailler. Elle programme le réveil à 6 h 30 et se rendort.

Les auditions révèlent plusieurs contradictions.

Célia décrit une même scène, qui se déroule au même moment, au même endroit, mais elle n'entend pas sa mère crier et ne la voit pas jusqu'au lendemain. De plus, alors que l'une dit que les chiens sont enfermés dans le garage et qu'ils ne jappent pas, l'autre affirme qu'ils sont dehors et qu'ils gueulent.

Est-ce qu'en trois minutes, le temps qu'il faut à Martine pour aller prendre l'assiette de son mari, plus six secondes, le temps qu'elle fasse six pas jusqu'au garage, Dany a pu avoir le temps d'assassiner tout le monde, utilisant une feuille de boucher et plusieurs couteaux ? Pendant qu'il dort, qu'il est parti à son travail et ne terrorise plus personne, pourquoi ne pas donner immédiatement l'alerte ? S'enfuir ?

Cette version nous ramène forcément au 5 septembre au matin, lorsque Nelly Hatton et les ouvriers du garage découvrent la barbarie. Martine et Célia sont à cinquante mètres du drame selon l'ouvrier de Christian, sur un tracteur, apparemment sereines. Nous venons d'apprendre qu'elles savent à ce moment-là et qu'elles feignent de découvrir l'horreur. Pourquoi être restées murées dans le silence, avoir joué ces rôles incroyables ? Pourquoi Martine veut-elle absolument rentrer pour voir s'il y a encore une fille à sauver ? Pourquoi ces lessives au petit matin, photographiées à la demande de Dominique Rizet, journaliste présent sur les lieux ?

Le 9 septembre, à 22 h 55, Martine est présentée devant la juge Céline Brunetière. Elle confirme sa dernière version, sérieusement contredite par sa fille Célia. Elle renouvelle la version que, depuis le vendredi 2, elle n'a plus sa feuille de boucher dans son tiroir à couteaux. Considérant l'extrême gravité des faits, les contradictions évidentes et les silences, ainsi que les traces de pas féminins relevées sur les lieux, on peut penser qu'une mise en examen est inévitable. Qu'est-ce qui a pu motiver la juge pour qu'elle ne prenne aucune mesure judiciaire envers Martine Compain, épouse Leprince ? Elle ressort libre, sans même une mise en examen. Mais les aveux de Martine, dès cet instant, représentent déjà l'épine dorsale de l'accusation.

Résumons le cas de Martine Compain.

Le 5 septembre 1994, la première version est celle de la déclaration alignée, autrement dit Martine et Célia s'alignent sur l'emploi du temps de Dany. Ensuite, la fameuse garde à vue. Martine envoie les premières accusations contre Dany. C'est sa deuxième version. À la cote 118, le 9 septembre 1994, un officier de police judiciaire consigne le sommeil agité de Martine, ses poings en avant, et ses paroles : « Arrête, arrête ! » Toujours le 9 septembre 1994, à 22 h 55, voilà Martine chez la juge en première comparution.

Bien que Célia n'ait pas vu sa mère, qu'elle ne l'ait pas entendue crier, qu'elles soient en totale contradiction sur des points essentiels, qu'elles savaient mais ont joué une grave comédie, qu'elles n'aient alerté personne, que Martine ne se soit pas inquiétée du sort de Solène et que parmi les criminels il y ait une femme, trahie par ses traces de pas, dans une affaire aussi horrible, aucune précaution judiciaire n'a été prise.

PROCÈS-VERBAL
DE DÉPOSITION DE TÉMOIN

Le 9 septembre 1994 à 22 heures 55,

Devant nous, Céline BRUNETIÈRE, juge d'instruction au Tribunal de Grande Instance de LE MANS,

Assistée de Dominique MEILLANT, Greffier,

Étant en notre Cabinet au Palais de Justice ;

Instruisant sur les faits reprochés à Dany LEPRINCE mis en examen du chef de :

MEURTRES commis en concomitance avec un autre crime et sur mineures de 15 ans.

A comparu, séparément et hors de la présence de la personne mise en examen, le témoin ci-après nommé, lequel comparaît volontairement devant nous.

Nous lui avons demandé ses nom, prénoms, âge, état, profession, demeure, s'il est parent ou allié des parties et à quel degré, ou s'il est à leur service.

Le témoin a répondu :

Je me nomme COMPAIN Martine épouse LEPRINCE
Née le 6 NOVEMBRE 1956 à VOIVRES-LÈS-LE-MANS (72)
Exploitante agricole
dmt « La Groie » à THORIGNE-SUR-DUÉ (72160)

Je suis l'épouse de la personne mise en examen Dany LEPRINCE.

Après lui avoir fait prêter serment de dire toute la vérité, rien que la vérité, nous avons reçu sa déposition.

S.I. Dimanche soir 4 SEPTEMBRE 1994, un petit peu avant 10 heures, je me trouvais à la porte de mon garage, lorsque j'ai entendu des cris. J'ai tout de suite compris que c'était Christian qui criait. Je me suis dirigée vers l'endroit d'où provenaient les cris, c'est-à-dire à côté de la boîte aux lettres. J'ai tout de suite vu mon mari Dany LEPRINCE puisque j'ai vu sa tête et aussi un objet brillant qu'il tenait dans sa main et avec lequel il frappait Christian. Je suis passée à environ deux mètres d'eux en marchant sur la route et j'ai dit à mon mari « arrête arrête », en m'approchant d'eux depuis le garage, puisque j'avais bien vu que c'était mon mari. Mon mari ne m'a rien répondu, ne m'a pas regardée, c'est comme s'il ne m'avait même pas vue. Je ne me suis pas approchée plus près parce que je sais que mon mari peut être violent de manière générale quand il est énervé, et je voyais bien là qu'il n'était pas dans son état normal. J'avais peur et je n'aurais même pas pu approcher. J'ai nettement vu que Christian était blessé et qu'il était en train de s'affaisser sur le sol. J'ai tout de suite voulu aller trouver Brigitte et je suis donc allée jusqu'au bout de la haie de thuyas comme je fais d'habitude pour entrer dans la maison, où je pensais la trouver. La porte était déjà ouverte, c'était éclairé. J'ai juste poussé un peu la porte davantage, j'ai fait trois ou quatre pas pour me diriger vers la cuisine qui était allumée et j'ai vu Brigitte par terre, pleine de sang. J'ai pensé aux petites filles, j'ai fait quelques pas encore et j'ai aperçu Sandra à l'entrée de la porte de la chambre, elle aussi était pleine de sang. J'ai vu Audrey qui était dans l'entrée de la salle de bains et qui était aussi pleine de sang. Je n'ai pas cherché Solène la dernière parce que je me disais que j'allais la trouver dans le même état que les autres. Je garde de ces moments des flashs, je n'arrive pas à me souvenir de choses précises. C'est l'image de corps ensanglantés que j'ai toujours dans la tête et je crois avoir besoin d'un soutien médical pour m'aider à vivre tout cela.

S.I. Je suis ressortie de la maison, sans toucher à quoi que ce soit, sans toucher même les corps de ma belle-sœur et de mes deux nièces, pour éventuellement regarder si elles étaient toujours vivantes, c'est maintenant que je me dis ça car sur le moment je ne me suis même pas posé la question. Pour retourner chez moi j'ai emprunté un autre chemin, j'ai contourné la maison par l'arrière, j'ai enjambé le grillage et chez moi, je me suis mise devant la télé. Mes trois filles regardaient elles aussi la télévision, je ne leur ai rien dit, elles ne m'ont pas davantage posé de question car ce n'était pas inhabituel que je sorte ainsi un bref moment le soir, par exemple pour ramasser mon linge. J'ai regardé la télé jusqu'à la fin du film sur M6. J'ai couché mes filles. Célia, ma fille aînée était partie se coucher toute seule vers 10 heures. Ensuite je suis revenue devant la télé pour écouter CULTURE PUB. Je n'ai pas vu mon mari à ce moment-là et je n'ai pas cherché à le voir. J'avais tellement peur. Je ne me souviens même pas de ce que j'ai vu pendant cette émission, seulement du présentateur et je me suis endormie pendant l'émission. Je me suis réveillée à 11 heures sans que je sache pourquoi je me suis réveillée à cette heure-là et quand j'ai vu l'heure, je me suis dit qu'il valait mieux que j'aille me coucher. C'est ce que j'ai fait et en allant au lit j'ai vu que Dany était déjà couché. Il était tourné du côté opposé au mien et il semblait dormir. Je ne lui ai rien dit et il ne m'a pas parlé non plus. J'avais peur.

S.I. J'ai plus ou moins dormi et j'ai entendu le réveil sonner vers 2 h 30, heure à laquelle Dany se lève pour aller au travail. Je l'ai entendu se lever. Je me suis occupée de lui comme d'habitude. Nous ne nous sommes rien dit et j'ai remis le réveil à sonner pour moi à 6 h 30.

S.I. Je me suis endormie, j'ai même laissé mon réveil sonner puisque je me suis réveillée en fait à 7 h 30. J'ai réveillé Célia qui m'aide aux travaux de la ferme, nous avons pris notre petit déjeuner et nous sommes parties vers 7 h 45 en voiture. J'ai bien vu qu'il n'y avait pas le corps de Christian près de la boîte aux lettres mais c'est tout, je n'ai pas regardé davantage.

S.I. Pendant mon second sommeil, il m'avait semblé entendre le bruit d'une voiture qui n'est pas celle de Dany mais celle de Jean-Luc Malherbe. En effet celui-ci a pour habitude de venir quelquefois chercher Dany pour l'emmener travailler à la SOCOPA. Mais quand je me suis levée, j'ai vu que la FORD de Dany n'était pas là et j'ai donc pensé qu'il était parti travailler avec la FORD.

S.I. Vers 9 h 15 je suis revenue chez moi après avoir soigné mes bêtes pour m'occuper des moutons et des taurillons. À ce moment-là, j'ai entendu les ouvriers de Christian qui m'appelaient de l'autre côté de la haie en me disant de venir les rejoindre et qu'il était arrivé quelque chose de grave à Christian. Je les ai donc rejoints. J'ai voulu entrer dans la maison en disant « les filles » mais dans ma tête je pensais à Solène puisque je ne savais pas ce qu'elle était devenue. Ils m'ont dit qu'il ne fallait pas entrer et que la gendarmerie avait été prévenue.

S.I. J'avais pensé à appeler la gendarmerie moi-même le lundi matin mais j'avais tellement peur et puis tout cela me semblais irréel, comme un cauchemar. J'avais dans la tête des flashs et je n'ai donc pas appelé la gendarmerie.

S.I. Ma fille Célia a voulu prévenir ma belle-mère, celle-ci est arrivée et lorsqu'elle a appris ce qui s'était passé elle a voulu repartir tout de suite en voiture.

Les gendarmes l'ont fait descendre de la voiture et elle a voulu repartir à travers champs pour retourner chez elle afin de prévenir son mari. Quant à moi, j'ai téléphoné à mon mari, qui était toujours à la SOCOPA vers 10 heures, je lui ai dit qu'il était arrivé un malheur à Christian et qu'il fallait qu'il rentre. Il m'a semblé effondré au téléphone, il avait l'air de pleurer. Je ne lui ai rien dit au sujet de Brigitte et les petites parce que j'avais peur qu'il ait un accident en revenant en voiture. J'avais l'impression que ce que j'avais vu la nuit était irréel, que c'était un cauchemar, mais je me souviens bien avoir vu Dany en train de frapper Christian.

S.I. Je n'ai donc rien dit à mon mari lorsqu'il est arrivé et je n'en ai d'ailleurs parlé à personne ensuite parce que j'avais peur.

S.I. Le lundi soir, nous nous sommes réunis en famille, il y avait donc mes beaux-parents Alain, Dany et moi. Les enfants étaient dans une autre pièce à regarder la télé. Nous avons parlé de ce qui s'était passé. Dany a même émis des hypothèses et moi je n'ai rien dit de ce que je savais parce que j'avais peur. J'ai simplement dit qu'on serait peut-être surpris si l'on apprenait qui avait fait cela. Dany ne m'a posé aucune question sur ce que je pouvais savoir, j'ai donc pensé qu'il ne m'avait pas vue lorsque j'étais passée à côté de lui près de la boîte aux lettres lorsqu'il frappait Christian.

S.I. Le mercredi soir j'ai regardé les informations régionales qui parlaient de tout cela. Dany ne voulait pas trop que je les regarde mais je l'ai fait quand même et j'ai entendu parler d'une feuille de boucher qui aurait pu servir comme arme. J'ai tout de suite pensé à celle qui est la nôtre et qui se trouve habituellement dans un des tiroirs d'un buffet bas dans l'arrière-cuisine. La feuille n'était pas là et je me suis sentie toute drôle. En effet, je n'arrivais pas à réaliser encore que c'était Dany qui avait frappé Christian. J'en ai discuté avec un copain, Claude BOBET qui se trouvait chez moi en lui disant que c'était peut-être cette feuille de boucher qui était l'arme du crime. J'ai décidé de parler de cela aux gendarmes, j'étais dans l'incapacité de leur dire ce que je savais sur le rôle de Dany. J'ai appelé les gendarmes qui sont venus et qui ont cherché cette feuille de boucher à la maison et j'ai eu l'idée de téléphoner à ma belle-mère qui quelquefois nous empruntait la feuille. Après coup je me suis souvenue que je m'étais servie de cette feuille en DÉCEMBRE 1993 et que je l'avais prêtée autour de Noël aussi, à ma belle-mère. Elle en avait besoin pour la prêter elle-même à un M. ROUILLON de CONNERRÉ qui en avait besoin pour tuer un cochon. Je suis sûre de ne pas avoir récupéré cette feuille depuis que je l'avais prêtée à ma belle-mère, puisque je n'en avais pas eu besoin mais j'ai réalisé cela en réfléchissant après, car sur le moment, lorsque j'ai pensé à la feuille, après avoir regardé la télé, je m'attendais à la trouver dans le tiroir. En réfléchissant encore, je me souviens que le vendredi 2 SEPTEMBRE, lorsque j'ai ouvert le tiroir où je devais trouver la feuille, elle n'y était pas. J'avais eu besoin d'un autre instrument pour tuer un cochon de lait.

S.I. À aucun moment dans la maison, après la soirée du dimanche 4 SEPTEMBRE, je n'ai trouvé de vêtements souillés de sang, mais je n'ai pas cherché à les trouver.

S.I. Je savais que Dany en avait après Christian, mais je

n'arrive pas à cerner ce qui s'est passé avec les petites et Brigitte, mais toutes les évidences sont contre lui.

S.I. Ce soir je ne vois rien d'autre à vous dire, j'ai toujours ces flashs dans la tête lorsque je repense à ce que j'ai vu le dimanche soir près de la boîte aux lettres et dans la maison de Christian.

Lecture faite, le témoin persiste et signe avec nous et le greffier.

*
**

PROCÈS-VERBAL DE GARDE À VUE DE MARTINE COMPAIN DU 7 AU 9 SEPTEMBRE 1994 (PAGE 8 À 17)

/.../

L'emploi du temps pour la journée du dimanche 4/09/94 au 5/09/94

Je me suis levée vers 7 h 30-8 heures, ainsi que Dany. Seule Pauline était levée. Après avoir déjeuner et s'être préparés, mon mari et moi nous sommes allés soigner les bovins. J'ai emmené, avec la Renault 4L, Dany à la CUMA à DUNEAU pour prendre le tracteur. J'ai laissé Dany à DUNEAU et je suis revenue à la ferme où je me suis occupée de mes cochons jusqu'à 11 heures. Après je suis redescendue à la maison où là j'ai pris la Renault 4L pour aller chercher de l'essence chez M. MENAND à THORIGNÉ et du pain. Je me suis également rendue chez M. BOULAY Gérard demeurant le bourg à THORIGNÉ pour prendre un chalumeau pour griller les cochons que je lui avais emprunté. Je suis partie de chez lui vers 12 heures. En rentrant chez moi, j'ai vu Dany dans un champ en face de chez Christian où j'ai vu Dany avec la mamy. Je me suis arrêtée pour les aider. Pendant ce temps Jean-Luc MALHERBE qui labourait pour moi est venu nous rejoindre. Il était 12 h 30. Jean-Luc est reparti aussitôt avec le tracteur chez lui, Dany est revenu avec moi en voiture à la maison. En ce qui concerne la mamy, elle est repartie en tracteur chez elle.

Je suis rentrée chez moi et j'ai préparé le repas. Après avoir soigné les bovins, j'ai remarqué avec Dany la présence d'une RENAULT 6 chez Christian. Je vous l'avais dit lors de ma première audition.

Nous avons déjeuné en famille vers 13 h 30, Dany est parti semer du colza et faire des traitements. En ce qui me concerne je suis repartie avec Célia chez la mamy qui avait besoin de nous pour séparer une vache dans un pré à la Métairie. Nous sommes revenus de la métairie avec mamy et Célia vers 14 h 30. J'ai déposé mamy chez elle, ensuite j'ai regagné mon domicile. J'ai rangé la bibliothèque et la chambre de Célia. Vers 16 h 30, les petites à Brigitte sont arrivées et jouaient dehors avec les miennes. Je suis partie environ dix minutes après en laissant les filles ensemble en leur disant que j'en avais pour une demi-heure et que j'allais couper du maïs dans un champ appelé les Ormeaux. Quand je suis arrivée dans le champ, la mamy avait déjà commencé à couper le maïs. Je suis revenue avec la SIERRA car j'avais laissé la RENAULT 4L à Dany. Mamy avait sa Renault 5. Je suis rentrée chez moi, à mon retour j'ai vu Christian sur sa tondeuse qui coupait sa pelouse. Je lui ai dit bonjour de la main et je lui ai dit « tu tonds encore ? », il m'a saluée également et je suis rentrée chez moi. Les filles de Brigitte étaient toujours en train de jouer avec les miennes. Une fois à mon domicile j'ai regroupé les poubelles dehors et j'ai donné un coup de balai. J'ai terminé le rangement vers 18 h 15. Je précise qu'en mettant les poubelles dehors, Brigitte a ouvert la fenêtre de sa chambre et m'a demandé de dire à Sandra et Audrey de rentrer. Je leur ai dit de rentrer chez elles aussitôt. Pour ce qui me concerne je suis rentrée à la maison.

Dany est rentré des champs vers 21 h 15. Mes filles et moi nous avions pratiquement fini de manger. D'ailleurs, je me souviens bien, nous avions commencé à regarder le film sur M6. Le film racontait l'histoire d'une femme qui voulait adopter un enfant qui restera finalement avec sa mère naturelle. Ensuite j'ai regardé CULTURE PUB mais je ne peux pas vous dire le sujet de l'émission car je me suis endormie. Je me suis réveillée vers 23 heures et j'ai immédiatement éteint la télé je suis allée me coucher. Je n'ai pas mis mes chiens dehors, d'ailleurs, je ne les mets jamais dehors sauf s'ils le réclament. Mes volets étaient fermés depuis 20 h 30.

En ce qui concerne Jean-Luc, il a travaillé avec Dany tout l'après-midi. Jean-Luc est rentré directement à la ferme avec le tracteur de la CUMA. DANY, quand il est rentré il a mangé des tomates, des courgettes et de la charcuterie, en entrée de la rillette et du fromage « Caprice des dieux ». Il est resté à table jusqu'à 21 h 40. Ensuite il est allée prendre sa douche et il s'est couché à 22 heures-22 h 10. J'ai profité de la publicité pendant le film pour débarrasser ma table. Je tiens à préciser que Dany à manger sur la table de salle à manger. Célia et Marion ont regardé ce même film jusqu'à la fin. En ce qui concerne Pauline je ne peux être affirmative sur le fait qu'elle ait également regardé le film.

Tout le temps que j'ai été devant la télévision, je n'ai rien entendu et de plus mes chiens n'ont pas bougé. De plus, la maison est équipée de double vitrage.

Je peux être affirmative sur l'heure de mon arrivée dans ma chambre car je regarde toujours l'heure pour préparer mon réveil mécanique pour qu'il sonne à 2 h 30. Dany s'est levé à cette heure-là et j'ai programmé mon réveil mécanique pour 6 h 30. Je me suis rendormie et je n'ai pas entendu Dany partir. Pour partir il a pris notre véhicule FORD SIERRA qui se trouvait stationné devant la porte du garage. Après le départ de mon mari, j'ai entendu un bruit de voiture similaire à celle de Jean-Luc. Je ne me suis pas inquiétée pensant qu'il venait chercher mon mari. Je ne peux pas être affirmative sur le bruit du véhicule, il est possible que ce soit Dany qui ai fait ronfler l'auto et comme elle n'était pas stationnée comme d'habitude j'ai pu confondre avec le bruit de la voiture de Jean-Luc. J'ai voulu refaire l'essai avec Dany mais ce dernier n'a pas voulu par peur après ce qui s'est passé chez Chrisitian.

Le matin j'ai réveillé Célia et nous sommes parties vers 7 h 45. J'ai même remarqué que la FORD était partie et je me suis dit que Dany avait pris sa voiture. Je tiens à signaler que j'ai lâché les chiens dehors dès mon levé. Donc comme je vous l'ai dit je suis allée soigner mes bêtes à côté du domicile de mes beaux-parents avec la Renault 4L, j'étais accompagnée de Célia. J'ai donné le maïs à l'aide du tracteur aux vaches. Vers 8 h 30 je suis revenue à la ferme L'Imbaudière charger une boîte de maïs pour aller soigner les taurillons.

/.../ enfin je suis descendue chez moi vers 9 h 15-9 h 30. En passant devant chez Christian et Brigitte j'ai vu leurs deux voitures et une PEUGEOT 305. Je tiens à préciser que la 305 est la deuxième voiture de Christian. J'ai filé mon chemin et je n'ai rien remarqué d'anormal. J'ai été ensuite soigner mes biques et c'est à ce moment que j'ai entendu une voix m'appeler et me dire « Martine, Martine vient vite, c'est grave ». J'ai reconnu les ouvriers à Christian. J'ai tout laissé tomber et je suis accourue et j'ai franchi le grillage séparant les deux maisons. Je ne peux pas vous dire leurs prénoms, je crois qu'il y avait Laurent et Franck. Je suis allée devant la maison, j'ai voulu pousser la porte et ils m'ont retenue pour ne pas que je rentre et ils m'ont dit qu'ils avaient prévenu les gendarmes. En poussant la porte j'ai entrevu les jambes de Christian et du sang partout sur la marche.

J'ai dit aux gars qu'il fallait rentrer pour voir si les petites avaient quelque chose. Ils m'ont retenue pour ne pas que je rentre. Je ne suis donc pas rentrée du tout dans la maison, j'ai juste entrouvert la porte. La nourrice est arrivée dans les mêmes moments, suivie des gendarmes et pompiers. La nourrice m'a informée alors qu'une tache de sang se trouvait près de ma boîte aux lettres. J'ai demandé à Célia d'aller chercher la mamy et elle a téléphoné. Je lui ai dit de rester à la maison et de ne pas revenir. Célia avait fait le tour pour me rejoindre et elle ne m'a rien dit, je suppose qu'elle n'avait rien remarqué d'anormal. C'est après avoir vu la tache de sang avec la nourrice qu'on a fait le tour, dans le but de rechercher une des filles de Christian, dans les environs. En arrivant, la mamy a piqué une crise, c'est-à-dire qu'elle répétait « quel malheur, mon petit gars », elle s'est sauvée à travers champs et a été rattrapée par les pompiers. Je l'ai emmenée chercher le papy. J'ai laissé la mamy dans la cour de sa ferme, et moi, je suis partie chez Jean-Luc voir Cathy afin de savoir l'heure de départ de Jean-Luc au cours de la nuit, me souvenant du bruit que j'avais entendu au cours de la nuit. J'ai demandé à Cathy de venir garder mes enfants et je l'ai donc descendue avec mes beaux-parents jusqu'à chez moi.

De chez moi, j'ai appelé la SOCOPA afin d'avoir mon mari. Je lui ai demandé de rentrer tout de suite, qu'un malheur était arrivé à Christian. Je ne lui ai pas parlé de sa femme et des enfants /.../.

Pour travailler la journée du dimanche, Dany et moi nous avions nos cotes vertes et des bottes. Personnellement mes bottes sont blanches et proviennent de mon frère Philippe d'ANGERS, il les a récupérées à son travail. Je chausse du 40. Dany chausse du 44 et sont de couleur marron.

Dany a deux cotes vertes qui sont sales toutes les deux. Il y a bien 8 ou 10 jours que je ne les ai pas lavées. Je n'ai pas lavé celle que je portais ce week-end.

Après réflexion, Dany est rentré une demi-heure avant la fin du film au maximum. J'ai même dit à Célia avant que Dany ne rentre, qu'il se faisait tard et que son père n'était toujours pas rentré alors qu'il embauchait le lendemain. Ce n'est que le lendemain, à savoir le lundi 5 septembre après-midi, une fois que les gendarmes sont partis de chez nous, qu'il m'a dit s'être rendu chez Jean-Luc boire un apéritif. Il ne m'a pas dit ce qu'il avait bu, mais habituellement il prend du Ricard. Quand j'ai couché mes deux petites filles, c'est-à-dire à la fin du film, Dany était au lit.

/.../

Hier soir, lorsque j'ai regardé les informations régionales, le journaliste a fait état que Christian et sa famille avaient été tués à l'aide d'un feuille. Une fraction de seconde, j'ai revu la perquisition effectuée à mon domicile, j'ai revu le gendarme ouvrant le tiroir où aurait dû se trouver ma feuille et j'ai vu qu'elle n'y était pas. J'en ai parlé immédiatement à Claude BOBET et à mon mari, tous les deux présents. Dany m'a dit de ne pas m'affoler, de vérifier chez la mamy. Avant d'appeler la mamy, j'ai appelé les gendarmes. Quand ils sont arrivés, nous avons vérifié ensemble, et ensuite j'ai téléphoné à ma belle-mère. J'ai eu Alain au téléphone et je lui ai demandé de vérifer si ma feuille n'était pas chez eux, ce qui en fait s'est avéré positif. Dès que cette feuille a été entre mes mains, je l'ai donnée à vos collègues, ce n'est pas que je n'en voulais plus, je préférais la voir entre vos mains qu'à la maison. J'ai eu peur que ma feuille soit l'arme du crime. Si cet ustensile de boucherie se trouvait chez mamy, c'est parce que je l'ai prêtée avant Noël à M. ROUILLON de CONNERRE, lequel avait fait un cochon. Cette feuille m'avait été donnée par Gérard BOULAY qui demeure à THORIGNÉ-SUR-DUÉ. Je n'en ai pas eu d'autre, celles que j'ai eu étaient des emprunts. Je ne pouvais pas en récupérer à la SOCOPA, car je n'utilisais pas cet outil. J'ai appris toute seule à me servir de cette feuille, en regardant les autres faire. Par contre, mes coups de feuille ne portaient pas toujours au même endroit. Je ne suis pas une professionnelle. Des fois, je faisais cinq ou six côtelettes à la suite sans problème et la septième j'étais obligée de m'y prendre à deux fois. Quand je débite une bête, à savoir principalement des agneaux, Dany n'y assiste pas. Il ne peut pas supporter la mise à mort, mais il regarde le découpage. En fait, dans la famille LEPRINCE, il y a Alain, la mamy pour les lapins et moi qui savons manier une feuille. Je n'ai jamais vu Dany se servir de cet engin, je ne sais même pas s'il sait découper un beefsteak. Quand j'ai besoin de faire affûter mes couteaux, je demande à mon frère d'ANGERS, Philippe, boucher à la tâche. Selon moi, il y a longtemps que je n'ai pas fait affûter ma feuille.

/.../

J'ai réfléchi et je tiens à apporter des précisions sur la soirée du 4 septembre 1994. Elle ne s'est pas passée tout à fait comme je vous l'ai dit.

Je suis rentrée des champs à 17 h 30. J'ai été à la maison rejoindre mes enfants qui étaient en compagnie de Sandra et de Audrey. Elles jouaient toutes ensemble sur la pelouse de notre maison. J'ai nettoyé le garage, j'ai enlevé les poubelles pour les mettre dehors. Ensuite j'ai bricolé une demi-heure environ. Je précise lorsque je mettais les poubelles dehors, Brigitte m'a appelée depuis sa fenêtre de chambre afin que les filles rentrent chez elles. Par la suite, je rentre à la maison avec mes filles pour faire le ménage et préparer à manger. Pendant ce temps, Dany était dans les champs, il traitait et semait le colza.

Nous nous sommes mises à table, les filles et moi, vers 20 h 15, dans la salle à manger. Dany était toujours dans les champs. Nous avons fini le dîner vers 21 heures alors que le film était commencé sur la 6. J'ai ramassé la table avec l'aide de Célia pendant que les petites regardaient la télévision. Nous avons fini de ramasser les couverts 5 à 10 minutes après. /.../

Dany est rentré des champs en voiture, avec la FORD. Je crois qu'il devait être aux environs de 21 h 30. D'ailleurs, j'ai dit à Célia auparavant « Papa n'est pas encore rentré et il travaille demain matin ». J'ai dû dire cela à Célia à 21 h 15-21 h 20. D'ailleurs, j'ai regardé l'heure à la pendule de la salle à manger. Il a garé la Ford devant le garage. Il est rentré à la maison, et il a mangé non sans m'avoir fait le reproche d'avoir fait trop à manger. Il m'a dit « je mange, je prends ma douche et je vais au lit ». J'ai évité toute conversation avec lui car il s'énerve tout de suite quand il rentre tard le soir. Il a dîné en 10 minutes environ 15 minutes au maximum. J'ai débarrassé le couvert de Dany environ 5 minutes après qu'il est sorti de table. J'ai rassemblé les restes du repas dans une assiette pour les mettre aux chiens dans le garage aussitôt. C'est à ce moment précis que j'ai entendu des cris. Les chiens étaient à ce moment-là dans le garage mais ils ne jappaient pas. Je suis sortie dehors pour voir ce qui se passait. Là j'ai vu Christian au coin de la haie de thuyas séparant nos deux maisons, près de notre boîte aux lettres, avec quelqu'un de plus grand derrière lui, avec quelque chose dans les mains. Il le brandissait au-dessus de la tête de Christian. J'ai été vers eux pour dire d'arrêter. J'ai dit « arrête, arrête ». Là j'ai reconnu Dany et Christian. Dany tapait son frère avec un objet brillant. Christian criait de moins en moins fort. Plus je me rapprochais en marchant car j'avais peur, moins j'entendais Christian. Je suis passé à côté d'eux avec une peur bleue mais avec l'impression que Dany ne me voyait pas, pour aller prévenir Brigitte. Je me suis donc dirigée vers la maison, l'entrée et la cuisine étaient éclairées. La porte était entrouverte. Je l'ai poussé et je suis rentrée. Dès que j'ai poussé cette porte, j'ai regardé dans la cuisine et j'ai vu Brigitte qui était par terre, près de la gazinière. Brigitte était sur le côté, les cheveux en désordre. Je n'y voyais pas la face, il y avait beaucoup de sang au point de m'horrifier, de me faire peur. Pour moi elle était morte, elle ne gémissait pas, ne bougeait pas. J'ai regardé vraiment qu'une fraction de seconde. J'ai immédiatement pensé aux filles. Je me suis avancée dans le couloir en direction de leur chambre. J'ai vu Sandra dans ce couloir, près de la porte de sa chambre. Elle était recouverte de sang. Je n'ai vu que du sang et je n'ai pas eu besoin de chercher Audrey, je l'ai trouvée à l'entrée de la salle de bains, à environ 1 mètre de sa sœur. D'après mes souvenirs, Audrey était sur le dos. J'ai été traumatisée par cette découverte et le sang couvrant Brigitte et les filles. Je n'ai pas eu le courage de chercher Solène, de peur de voir un autre spectacle aussi pénible. Je n'entendais pas pleurer Solène. Je suis ressortie par le couloir et au lieu d'emprunter le chemin par lequel je suis venue, je suis repassée à l'opposé de la propriété en sautant le grillage à moutons séparant nos deux propriétés, de peur de rencontrer Dany et qu'il m'en fasse autant bien que lorsque je suis passée à côté de lui pour prévenir Brigitte j'avais l'impression qu'il n'avait pas vu ma présence. En sortant de la maison de Christian je n'ai pas rencontré ou vu Dany. Lorsque j'ai quitté la maison de Christian, j'ai couru pour chercher refuge chez moi, je n'ai pas pu appeler les secours, croyant vraiment que j'avais fait un cauchemar et surtout j'avais peur que Dany dans sa folie fasse le même sort à notre famille. Je n'imaginais pas cela possible. Tout cela étant irréel pour moi. De retour chez moi, je ne voulais pas que mes filles se rendent compte de quelque chose. Je me suis remise à la télé pour regarder la fin du film avec elles. Elles ne m'ont pas dit qu'elles avaient entendu du bruit. Je ne leur ai pas demandé. Et surtout je ne voulais pas que Dany s'aperçoive que je l'avais vu. Je faisais comme si de rien n'était. En fait, j'ai quitté la maison peu de temps et je suis restée chez Brigitte le temps de flasher ces horreurs et de me sauver. Je me suis absentée de la maison 7 à 8 minutes je pense j'étais de retour avant 22 heures car Célia n'était pas couchée, elle s'est couchée très peu de temps après mon arrivée soit à 22 heures. Mes filles n'ont pas posé de questions, ou qu'est-ce que j'étais partie faire. Elles ne m'ont pas fait état des cris de Christian.

Je me suis installée dans le fauteuil et je n'ai pas bougé jusqu'à la fin du film. Je n'ai pas entendu Dany rentrer, j'ai couché les filles à la fin du film, il était 22 heures 30. Ensuite, je me suis réinstallée devant la télévision pour regarder CULTURE PUB. Je me suis endormie devant mon poste et quand je me suis réveillée, il était 23 heures ; je suis allée me coucher et là j'ai vu Dany allongé sur le côté droit, regardant le mur. Ayant très peur, j'ai fait comme si je n'avais rien vu, je n'ai rien dit, j'avais même l'impression que rien n'avait eu lieu, du fait que je le retrouvais au lit. La nuit s'est déroulée normalement, j'ai très mal dormi et Dany s'est levé à 2 heures 30. Je ne lui ai rien dit, j'ai remis mon réveil à sonner à 6 heures 30 pour moi et je me suis endormie. J'ai bien entendu un bruit de voiture après son lever. Par contre, je ne peux pas vous dire s'il s'agissait d'une voiture passant dans le chemin ou lui qui démarrait en faisant ronfler la Sierra.

En me levant, j'ai commencé par manger, j'avais l'impression d'avoir fait un cauchemar. Je n'ai vu aucun vêtement de Dany portant du sang. Pourtant le matin, il avait revêtu sa tenue pour la Socopa. Ses vêtements de travail à la ferme devaient être à la maison. Dimanche, il portait un jean et un maillot de couleur, selon moi, bleu et blanc. Je n'ai pas fait attention à ce détail. Je n'ai trouvé aucune chaussure portant des traces de sang. Il portait soit ses bottes, soit ses baskets de couleur blanche avec des rayures bleues. D'ailleurs, je peux vous dire qu'il a 4 jeans pour aller travailler à la Socopa, 4 pour travailler à la ferme et deux jeans clairs qu'il ne veut pas porter. Depuis dimanche je n'ai pas lavé de jean par contre je lui ai lavé un polo mais je suis affirmative, il ne portait pas de sang. Si vous me ramenez à mon domicile, je peux vous dire s'il manque des vêtements ou des chaussures à Dany. /.../

Le lendemain lorsque je suis partie avec Célia à la ferme, je n'ai pas vu le corps de Christian sur le chemin. Je n'ai pas vu la tache de sang. D'ailleurs, je n'ai pas voulu y faire attention pour ne pas affoler Célia. Je n'ai pas voulu me rendre chez Brigitte dès le matin de peur que je sois obligée d'accuser Dany. J'avais peur de lui à son retour.

Les ouvriers de Christian sont arrivés peu de temps après et, comme je vous l'ai dit, ils m'ont appelée. J'ai voulu de nouveau pénétrer dans la maison parce que je n'avais pas vu Solène et je voulais savoir si elle était vivante ou morte. /.../

Le lundi 5 septembre vers 10 heures passées, j'ai téléphoné à Dany à la Socopa pour l'aviser. Je l'ai eu au téléphone. Je lui ai dit que son frère Christian avait eu un accident et que c'était grave. Il m'a demandé « grave quoi », je lui ai répondu qu'il était décédé. Je ne lui ai pas parlé de Brigitte et des enfants.

Le lundi soir, nous avons eu une réunion de famille, c'est-à-dire que mes beaux-parents, Alain, Dany et moi étions ensemble. Dany a émis l'hypothèse que Christian était impliqué dans quelque chose qu'il ne fallait pas du style de trafic de voitures. J'ai dit que les chiens n'avaient pas bougé. Ma belle-famille a pensé que l'auteur des faits était une personne connue de Christian. À aucun moment je n'ai fait part de ce que j'avais vu la veille au soir et j'ai dit qu'il ne fallait pas trop avancer, que nous pourrions être surpris. Ils m'ont demandé comment et j'ai répondu que c'était peut-être une personne que nous connaissions. La conversation sur la mort de Christian s'est arrêtée là, elle a été dirigée vers l'exploitation agricole, pour revenir ensuite sur le crime de la famille de Christian.

Je ne sais pas ce qui a passé dans la tête de Dany. Il n'avait aucun motif de détruire la famille de son frère, même si nous lui devions de l'argent. Christian n'était pas pressé d'être remboursé. Je n'explique pas son geste et même aujourd'hui, je ne peux toujours pas.

/.../

Je n'ai pas marché dans le sang ni de Brigitte ni des filles.

La suite s'est déroulée comme je vous l'ai déjà déclaré.

*
**

PROCÉDURE DE CRIME FLAGRANT
PROCÈS-VERBAL DE CONSTATATIONS

Ce jour : neuf septembre mil neuf cent quatre-vingt-quatorze à LE MANS

Depuis le 7 septembre 1994 à 20 heures 55 mn, Mme LEPRINCE Martine, née COMPAIN le 06 novembre 1955 à VOIVRES-LÈS-LE-MANS est en garde à vue dans les locaux de la gendarmerie du MANS. Elle est entendue par le gendarme PERDRIAU Louis, officier de police judiciaire à la section de recherche du MANS dans le cadre d'une procédure de CRIME FLAGRANT faisant suite à l'assassinat de la famile LEPRINCE.

Le 9 septembre 1994 à 2 heures 00 mn Mme LEPRINCE Martine bénéficie d'un temps de repos. Un matelas est installé dans le bureau de garde à vue et Mme LEPRINCE est invitée à se reposer ce qu'elle a fait. Sa garde est assurée par le gendarme féminin [redacted], gendarme à la BT du SAINT-MARS-LA-BRIÈRE (Sarthe)

À 07 heures 15 mn, le Major [redacted] de la brigade de recherches arrive au bureau. Le gendarme [redacted] l'avise que Mme LEPRINCE vient de s'agiter et qu'elle fait des cauchemars.

Nous constatons que Mme LEPRINCE est allongée sur un matelas. Elle dort. Toutes les secondes environ, elle lève son bras droit comme pour repousser quelqu'un et crie

« NON – NON – NON ». À un moment, elle s'assoit dans le lit et crie « POURQUOI DANY », puis s'allonge.

Nous requérons le Dr LEGRAND.

À 07 heures 45 mn, Mme LEPRINCE devient calme et elle se réveille à l'arrivée du Dr LEGRAND à 8 heures 15 mn.

Aucun médicament ne lui est administé (voir certificat médical)

À 13 heures, Mme LEPRINCE a une crise d'angoisse et elle se plaint de maux de tête violents. Elle « entend » son mari hurler mais ne peut indiquer l'endroit. Elle tient sa tête entre ses mains et demande un médecin.

Le Dr LEGRAND requis lui administre un calmant par voie intramusculaire et Mme LEPRINCE se calme.

5.

Les aveux de Dany Leprince

Depuis le 7 septembre, Dany est planté dans sa geôle de garde à vue. Il s'accroche encore à sa première version. Les gendarmes lui martèlent que Martine a reconnu, qu'elle l'a vu, qu'elle lui a crié : « Arrête, arrête ! » Sa fille aussi l'a vu. Sa mère a reconnu qu'il lui avait porté la feuille de boucher pour la laver. Tout ce qui peut le fracasser est asséné. Il doit craquer. Harassé, la tête en feu, cet homme des champs vacille, il croit devenir dingue.

Les enquêteurs en sont à pianoter la dix-neuvième page de son P-V. Dany entend une femme crier, il croit que c'est sa fille. Dans les dix dernières lignes de cette page, il craque, il avoue : « J'ai tué mon frère avec une feuille de boucher, mais pas les autres. Martine m'a bien crié : "Arrête, arrête !" Je ne me suis rendu compte de rien, Martine n'a rien à voir là-dedans. J'ai bien porté la feuille de boucher chez ma mère. » Tout le suggéré est collationné en quelques lignes parce qu'il est évident que d'une gendarmerie à l'autre la communication est excellente. De la feuille de boucher au fameux « Arrête, arrête ! », tout est scrupuleusement concentré. Nous sommes à la quarante-sixième heure de garde à vue et on peut imaginer ce que cela peut représenter en épuisement.

Je suis impatient, je vais vite à la page 20, la dernière, du P.-V. de garde à vue de Dany. Et je suis sidéré en découvrant cinq lignes de clôture. Je n'ai jamais vu un tel raccourci de ma vie !

PROCÈS-VERBAL DE GARDE À VUE DE DANY LEPRINCE DU 7 AU 9 SEPTEMBRE 1994 (PAGE 19 À 20)

Suite à la perquisition faite cet après-midi à mon domicile, vous avez recherché les vêtements que je portais au cours de la journée de dimanche dernier, c'est-à-dire le 4 septembre 1994, vous avez constaté qu'il manquait un pantalon en jean et un T-shirt gris, portant des inscriptions dont je ne me souviens pas. Je ne sais pas où ces vêtements sont entreposés. Lorsque je me suis changé, je suis incapable de vous dire à l'endroit exact où se trouvent mes vêtements, je ne me rappelle plus.

Dimanche dernier en fin de soirée, je suis arrivé chez Christian et je me suis engueulé avec lui. Il était à la porte d'entrée. Quant à Brigitte elle se trouvait derrière lui. Je les ai engueulé car ils ne voulaient pas nous aider sur le plan financier. Je leur ai réclamé 20 000 francs /.../ Tous les deux ont refusé compte tenu que je leur devais déjà de l'argent, c'est-à-dire 15 000 francs. Le ton a monté, on s'est fâchés et Christian a voulu aller chercher Martine. Je l'ai empêché mais cela n'a pas suffi. Cette discussion s'est passée sur la terrasse. Christian s'est dirigé vers le poteau téléphonique où se trouve notre boîte aux lettres. /.../ J'avais dans le dos la feuille que je vous ai remise volontairement mercredi dernier. Je l'ai frappé plusieurs fois avec cet outil. Christian s'est mis à hurler. C'est à cet instant que Martine est arrivée. À l'approche de ma femme, elle m'a demandé d'arrêter et je ne sais pour quelles raisons j'ai continué. Quant au reste je ne peux plus rien dire. Martine n'a rien à voir avec ce carnage.

Il est 0 h 27, le 10 septembre, lorsque, encadré par les gendarmes, Dany Leprince est présenté devant la juge Brunetière, soit une heure et demie environ après sa femme. « Vous voulez un avocat ou vous acceptez d'être auditionné ? » demande la juge. Le grand échalas pulvérisé répond qu'il est prêt à s'expliquer tout seul. Mais la question ne se posait même pas tellement la réponse était évidente. Visant une affaire de la plus terrible importance, la présence d'un avocat est indispensable, à plus forte raison dans le cadre d'une première comparution.

Voilà ce que Dany Leprince raconte : « J'étais énervé par une histoire d'argent, nous devions vingt mille francs à une mutuelle. Lorsque je suis rentré, j'ai garé ma voiture devant le garage et je suis allé frapper chez mon frère ; nous avons parlé de choses et d'autres, puis je lui ai demandé de me prêter les vingt mille francs. Il a refusé puisqu'il m'avait déjà avancé quinze mille francs [dix mille en réalité]. Alors j'ai commencé à le frapper avec la feuille de boucher car il voulait aller prévenir Martine. [...] La feuille ? Je l'ai prise dans le garage, dans le tiroir où Martine range ses couteaux, et pendant que je discutais avec mon frère, je la tenais dissimulée dans mon dos. C'est bien moi qui l'ai mise chez ma mère, pour la protéger... J'ai fait cela sans m'en rendre compte, je n'étais plus moi-même à soixante pour cent. Ensuite, j'ai dîné puis je suis allé me coucher. »

Voilà, c'est tout pour les aveux réitérés chez la juge. Parce qu'on en reste là. Pas un mot pour les autres victimes, pour la foule de comment et de pourquoi qui cognent, qui urgent. Tout le monde semble fatigué, alors on remplit le mandat de dépôt et on plie. Bien entendu, Mme la juge ne peut pas poser de questions dans le cadre d'une première comparution, à plus forte raison s'il n'y a pas d'avocat pour assister Dany. Mais elle a déjà accepté une énorme impossibilité matérielle : Dany Leprince prétend avoir pris la feuille de boucher dans le tiroir de Martine, dans le garage, le 4 septembre au soir, alors qu'elle-même vient de lui confirmer que depuis le 2 septembre elle n'y est plus !

Nous pliant à la logique de cette déclaration, nous devons admettre que Dany discute avec son frère, d'abord de tout et de rien bien peinardement, avec une feuille de boucher, qu'il n'a pas pu trouver là où il le dit, planquée dans son dos... Et pendant que Christian hurle, alors que sa femme et ses filles sont là, personne ne bouge pour voir ce qui se passe, ne tente de s'interposer, de fuir ? Il faut donc admettre également que Brigitte déguste un yaourt en attendant de se faire assassiner et que les petites, en culotte, attendent leur tour bien calmement.

Dans cette audition, que l'on peut dire à bâtons rompus, pas une seule fois les prénoms de Brigitte, Audrey et Sandra n'ont été évoqués. Une autre question essentielle, d'école j'allais dire, n'a curieusement pas été posée par la suite, et ne le sera jamais. De façon tout à fait objective, la juge sait qu'il y a au moins deux assassins d'après les preuves matérielles, à savoir les traces de pas appartenant à une femme et un homme, également des empreintes génétiques masculines, n'appartenant pas à Dany. Mais elle ne lui demandera pas une seule fois qui est ou qui sont ses complices...

Mis en examen, Dany rejoint immédiatement la maison d'arrêt. Aussitôt, il se rétracte avec véhémence, dénonce sa faiblesse, les pressions, les suggestions pressantes des gendarmes. Non seulement il n'a pas tué son frère, mais il n'a jamais assassiné Brigitte, Sandra et Audrey. Il refuse de participer à la reconstitution. Mais à partir de cet instant, ses protestations ne trouvent plus le moindre écho. Elles semblent encastrées dans la fameuse « religion des aveux ».

Mis à part ses aveux partiels, extorqués, Dany Leprince ne varie plus de sa version initiale. C'est le seul qui reste rigide et campé sur ses positions. Lorsqu'il apprend que Martine l'accuse, c'est le choc, mais cela déclenche en lui quelques réflexions. En effet, il va à son tour accuser Martine dès sa deuxième comparution. La juge Céline Brunetière lui demande : « Ah oui ? Alors expliquez-moi comment elle a fait ! »

Je ne sais pas s'il s'agit d'une volonté délibérée mais, dans ce dossier, j'ai constaté un « certain flou de la photocopieuse » par moments et une reprise manuscrite concernant les fameux aveux. Il ne m'a pas échappé non plus qu'il n'y a pas moins de quatre ou cinq tampons par page, chacune étant frappée du fameux « interdit de reproduire », pour toutes les auditions. Habituellement, un seul suffit. Alors, soit la greffière s'emmerdait ou s'est un peu énervée, soit on lui a demandé de bien mettre en évidence que ces documents étaient à l'époque de nature confidentielle. Parce que si, à ladite époque, ils avaient été distribués à la presse, l'issue de l'histoire aurait peut-être été tout autre.

PROCÈS-VERBAL DE DANY LEPRINCE DU 10 SEPTEMBRE 1994

D135

PROCES-VERBAL D'INTERROGATOIRE
DE PREMIERE COMPARUTION
D'UNE PERSONNE DEFEREE

Procédure criminelle
N° du Parquet : 94/
N° de l'instruction : 94/075

10 sept

TRIBUNAL DE GRANDE INSTANCE DE LE MANS
Cabinet de Céline BRUNETIERE

Vu l'article 116 du code de procédure pénale,
le 10 Septembre 1994 à 10 heures 27,

Devant Nous Céline BRUNETIERE,
Juge d'instruction au Tribunal de Grande Instance DE LE MANS,
Etant en notre cabinet,
Assistée de Dominique MEILLANT Greffier,
a comparu la personne qui nous fournit les renseignements d'identité suivants:

NOM: LEPRINCE
Prénoms: Dany, Robert
né(e) le: 10/04/57 à ST MICHEL DE CHAVAIGNES (72)
de: Robert LERPINCE et de Renée GASNOT
Nationalité: F.
Domicile: "LA GROIE"
72160 THORIGNE SUR DUE
Sit.Familiale: Marié Profession: OUVRIER D'USINE
Condamnations: Jamais condamné

Déclare savoir lire et écrire la langue française

Nous l'avisons qu'elle a le droit d'être assistée par un avocat de son choix ou un avocat commis d'office.

La personne déclare:
Je renonce à l'assistance d'un conseil.

Après avoir constaté l'identité de la personne, nous lui faisons connaître chacun des faits dont nous sommes saisis en vertu d'un réquisitoire de Monsieur le Procureur de la République, en date du 09/09/94, et pour lesquels elle est mise en examen, ainsi que leur qualification juridique:
MEURTRES commis le 4 SEPTEMBRE 1994, à THORIGNE SUR DUE (72) sur les personnes de Christian LEPRINCE, Brigitte PAPILLON épouse LEPRINCE, Sandra LEPRINCE et Audrey LEPRINCE, avec circonstances aggravantes de concommitance avec un autre crime, et de minorité en ce qui concerne LEPRINCE Sandra et LEPRINCE Audrey, âgées de moins de 15 ans comme nées respectivement le 1er MARS 1984 et le 25 FEVRIER 1988.

Faits prévus et réprimés par les
ART. 221-1, 221-2, 132-23, 221-4, 221-8, 221-11 du CODE PENAL.

Nous avons averti la personne ainsi mise en examen qu'elle ne peut être interrogée immédiatement qu'avec son accord donné en présence de son avocat mais que toutefois si elle désire faire des déclarations nous les recevrons immédiatement (article 116 aliéna 3).

En ce qui concerne les faits la personne mise en examen déclare : Je prends acte de ma mise en examen et je désire m'expliquer immédiatement hors la présence d'un conseil. Dans l'après midi du dimanche 4 SEPTEMBRE 1994, j'ai travaillé à la ferme de l'imbodière à faire différentes choses, j'ai semé du colza, déccroché la herse et à la fin j'ai déplacé une gazinière avec les frères Jean Luc MALHERBE. Une fois le travail terminé j'ai bu trois petits pastis en l'espace d'une demi-heure, qui vallait seulement une dose et demie de pastis, puis je suis revenu chez moi en voiture. Il était 21 heures 20 quand je suis arrivé. J'ai garé ma voiture devant chez moi, j'étais énervé. J'étais fatigué parce que je travaille beaucoup. De 3 heures à midi je travaille à la SOCOPA, puis je fais la plupart du temps une sieste avant de repartir travailler à la ferme jusque quelque fois 22 heures, cela dépend du travail à faire. En moyenne je me couche vers 22 heures, et je me relève vers 2 heures et demie du matin ou quelque fois 3 heures pour aller travailler à la SOCOPA. Ce soir là j'étais même super-énervé parce qu'en plus je pensais à mes problèmes d'argent. Je savais que je devais de l'argent à la mutualité, Martine m'en avait parlé deux ou trois jours avant. En effet, c'est elle qui s'occupe de ces problèmes là chez nous. Je devais aussi de l'argent à mon frère Christian depuis 1986. Je lui avais emprunté 15 000 frs que je n'avais jamais eu encore lui rendre. J'avais signé une reconnaissance de dette mais il n'était pas prévu une date précise pour que je le rembourse. C'était un prêt sans intérêt. Je ne sais pas s'il était prévu de rembourser cette somme à un moment précis, c'est ma femme qui s'occupait de cela. Ce soir là je ne trouvais aucune solution à mes problèmes, ça bouillait dans ma tête et j'ai décidé d'aller demander à mon frère Christian de me prêter 20 000 frs pour m'aider à me sortir de mes difficultés finan-cières. Je suis sorti de la voiture et je suis allé frapper à la porte chez Christian. Je pense que c'est Christian qui est venu m'ouvrir, je lui ai dit "bonjour", nous avons parlé des choses et d'autres mais je suis resté sur le pas de la porte. Il ne m'a pas fait rentrer. J'ai fini par lui demander de me prêter ces 20 000 frs et il n'a pas voulu. Il m'a dit qu'il ne voulait pas me prêter cet argent puisque je lui devais déjà 15 000 frs. J'ai insisté, je me suis faché, mais lui n'a pas élevé la voix, en tout cas pas trop. Il a voulu aller chercher Martine pour en parler avec elle. Je ne voulais pas qu'il aille la chercher, et je ne sais pas pourquoi Christian est parti en direction de chez moi et je l'ai suivi. Christian avait de l'avance sur moi, environ 3 ou 4 mètres et j'ai fini par le rattraper à coté de la boite aux lettres, et j'ai alors fait ce que je n'aurais pas du faire. J'ai frappé Christian avec la feuille de boucher que je tenais dans le dos. Je tenais cette feuille de boucher dans ma main gauche, je la tenais par le manche. Je la tenais derrière le dos lorsque je me suis présenté chez Christian et que je lui ai serré la main avec ma main droite. J'avais pris cette feuille de boucher, dans mon garage, après avoir garé ma voiture et avant d'aller voir mon frère Christian. Je n'avais pas eu trop de mal à la trouver en cherchant dans deux ou trois tiroirs, elle était avec des couteaux. Je ne sais pas pourquoi j'ai pris cette feuille dans ma main gauche, derrière mon dos avant d'aller voir Christian. Je me souviens que j'ai frappé Christian avec cette feuille de boucher mais je ne sais pas où j'ai frappé et je ne sais pas combien de fois. Je me rappelle que Christian criait et je me rappelle avoir vu Martine qui me disait "arrêtes, arrêtes" et je lui ai répondu, "meles toi de ce qui te regarde". Elle était devant notre maison à 15 ou 20 mètres de moi. ELle n'est pas venue plus près et elle n'est pas venue sur la route. Je ne me souviens pas bien de ce qui s'est passé ensuite. Je ne me souviens pas avoir vu mon frère Christian allongé par terre, tous ces moments là étaient très flous. Je me souviens quand même que je me suis retrouvé au pas de la porte de la maison de Christian et que je tenais toujours la feuille de boucher à la main. Je ne sais pas à ce moment là ce qui s'est passé partout est très flou, puis je suis rentré chez moi, j'ai diné, vite fait, je ne me rappelle pas ce que j'ai mangé. J'ai pris une douche. Quand je suis arrivé j'ai vu ma femme qui regardait la télévision et je lui ai demandé si son film était bien. Je ne pense pas qu'elle m'ait répondu. J'avais mes bottes en arrivant et je les ai enlevées. J'ai aussi enlevé mon pantalon et le tee-shirt que j'avais en haut et je l'ai mais sous lévier. C'est là que je les mets d'habitude, il était plein de poussière mais il n'y avait pas de sang dessus, en tout cas je n'en voyais pas. Je me suis couché. Ce n'est pas moi qui ai mis le réveil car je ne sais pas m'en servir. Je me suis endormi vite car j'étais usé, je me suis tourné comme d'habitude sur le coté vers l'horloge et j'ai vu qu'il était environ 10 heures. Dans cette position, je tourne le dos à ma femme, mais elle n'était pas couchée quand je suis allé au lit et je ne l'ai pas entendue arriver lorsqu'elle est venue me coucher. A deux heures et demi le réveil a sonné je me suis réveillé et je suis allé au travail. Il me semble que j'ai emmené la feuille de boucher dans la voiture mais c'est plus tard dans la journée que je suis allé la déposer chez ma mère. Elle n'était pas là et j'ai donc posé la feuille comme ça, sans rien dire. Ensuite, lorsque j'ai vu ma mère je ne lui ai pas parlé de cela. Si j'ai amené la feuille chez ma mère, c'était pour mieux la protéger. Si cela ne vous ennuie pas, je préférerais qu'on parle des autres choses plus tard. Je veux ajouter que je n'ai pas conscience de ce que j'ai fait. Je dirais que j'ai fait 50 % des actes sans m'en rendre compte et sans le voir.

quand ?

Nous avisons la personne mise en examen de son droit de formuler une demande d'acte ou de présenter une requête en annulation sur le fondement des articles 81 (9e aliéna), 82-1, 156 (1er aliéna) et 173 (3e aliéna) du code de procédure pénale durant le déroulement de l'information et au plus tard le 20ème jour suivant l'envoi de l'avis prévu à l'article 175 du code de procédure pénale.

Il faut bien q elle soit retournée chez la mère puisqu'on si elle la chercher chez elle !

6.

Expertises, horaires et constats

Dans leurs perquisitions précipitées, les gendarmes vont empiler huit jeans appartenant à Dany pour les soumettre à expertise. Celui contenu dans le scellé n° 2 révélera une large tache de rouille. Nous pouvons penser avec certitude qu'il s'agit bien du jean que Dany portait le soir du drame, la tache correspondant au transport de la vieille cuisinière rouillée, chez les Malherbe.

Trois indices appuient la non-culpabilité de Dany. Tout d'abord, on n'y relève pas une seule trace de sang humain. En fait, les analyses révèlent des particules de sang de poulet et la grosse tache brunâtre que l'on pensait être du sang n'est qu'une large tache de rouille. Ensuite, ses chaussures ne collent pas avec l'empreinte sanglante de Dr Martens : Dany ne possède que des baskets ou des bottes. Enfin, les ADN masculins prélevés sur la scène des crimes ne correspondent pas au sien. Dany a été le seul homme soumis à cette analyse.

Pas un indice pour confondre Dany Leprince. Pourtant, dès l'instant de ses soi-disant aveux, sa culpabilité semble établie, et l'enquête est braquée dans sa seule direction. Pour preuves, tous les pans de l'environnement immédiat s'écroulent et restent inexplorés. Les enquêteurs doivent, selon leur propre expression, « refermer toutes les portes ». Ici, curieusement, elles restent toutes à battre les vents, chahutées par de sinistres courants d'air.

Les gendarmes, le mercredi suivant, le 7 septembre, vont quand même penser aux poubelles que Martine a déposées au bout du chemin le 4 en fin d'après-midi. Elles y sont restées du dimanche au mardi, le jour du ramassage. Les enquêteurs sont passés et repassés cent fois devant. Trop tard, elles sont parties en fumée dans l'incinérateur.

Seize jours après, Martine appelle les enquêteurs pour leur demander de venir récupérer les affaires qu'elle portait le jour du drame : elle les a enfin retrouvées. Ils vont s'exécuter et venir les chercher, bien pliées et repassées.

Comme sur les lieux du drame il a été retrouvé un couteau en inox cassé, les gendarmes viennent perquisitionner le tiroir de Martine, alors qu'entretemps elle a déménagé.

Bien qu'il s'agisse d'une abominable tuerie, les comparaisons ADN font l'objet d'un pitoyable service minimum. Seules les empreintes génétiques des victimes, de Martine et de Dany sont examinées. Pour traquer le salopard dans l'affaire de la petite Caroline Dickinson, en 1996, pas moins de trois mille six cent quinze tests ADN ont été réalisés. Bilan : un innocent relaxé et un coupable démasqué.

Dans la tragédie de Thorigné-sur-Dué, les comparaisons ADN sont au nombre de six. Elles visent les quatre victimes, plus Martine et Dany. Et, en 1996, l'affaire est toujours sur le bureau de Mme la juge Brunetière...

Rien pour la proximité, les ramasseurs de cornichons et autres gugusses, certains proches de Martine et de Dany, qui grouillent, vont et viennent des champs à leur maison.

Pourtant, ces empreintes dénoncent imparablement deux, voire trois tueurs. Et Dany Leprince ne peut pas en faire partie, blanchi par son ADN. Les empreintes de femme, pouvant correspondre à celles de Martine, vont être justifiées par sa dernière version et le fait qu'elle soit rentrée dans la maison, au cœur de la tuerie.

Concernant les Dr Martens, qui ne courent pas les champs à Thorigné-sur-Dué, les enquêteurs se sont contentés d'interroger quelques chausseurs du coin et de faire un vrai barouf à la maison mère, qui leur apprend que ces pompes sont « souvent imitées, jamais égalées ». Les recherches sur le terrain ne donnent rien. Alors qu'un assassin avait bien les pieds dedans ! Je ne peux même pas supposer qu'une personne intervenant sur les lieux a involontairement laissé cette trace de pas, puisque toutes les précautions ont été prises et que toutes les empreintes des intervenants ont été relevées et comparées.

Quant à l'horaire des décès, les contradictions et l'élasticité des conclusions, alors que les experts, grâce à l'autopsie, disposent de solides éléments de temps et de circonstances laissent sans voix.

En page 3 du P-V de synthèse du capitaine Lembert, les Drs Legrand et Palmas situent les décès entre 20 heures et 23 heures. En page 12 du même P-V, sans que l'on sache trop pourquoi, les horaires sont décalés de 21 h 30 à 23 h 30. Comprenne qui peut. Est-ce le coup de fil donné à 20 h 50 par Brigitte qui vient bousculer leurs premières conclusions ? Ce 21 h 30, qui correspond à l'arrivée de Dany, n'est-il pas bien plus interprétable pour l'accusation ?

Toujours est-il que la juge Céline Brunetière va s'agripper à ces horaires remaniés pour asseoir son accusation.

Je vois tout de même une petite faille... Brigitte, Christian et leurs enfants rentrent vite pour se coucher aussitôt. C'est ce qu'ils disent à tout le monde. 20 h 50, Brigitte téléphone à son père, ouvre un yaourt et demande probablement à ses filles de commencer à se déshabiller, puisqu'elles sont en culotte. À ce rythme, on peut raisonnablement penser qu'à 21 h 15, soit vingt-cinq minutes plus tard, la maison est bouclée, que tout le monde est au lit, que plus rien ne peut plus se passer. Mais Brigitte n'a le temps ni de finir son yaourt, ni de coucher ses filles. Cela signifie que les monstres se sont déjà rués dans la place et qu'ils frappent à l'instant même où elle consomme ce yaourt, que l'on retrouve renversé à l'endroit de son agression. Voilà le repère et l'heure exacte de la tuerie ! Le moment où le pot tombe ! Et à quelle heure est-ce ? Si je vous dis 20 h 50 plus quelques secondes, une paire de minutes au plus, est-ce une hérésie ?

Le terrible massacre, à mon sens, commence avant 21 heures, et en presque quarante minutes l'horreur a largement le temps d'être achevée, alors que Dany n'est toujours pas rentré.

Christian a tenté de se sauver. Lorsqu'il est rattrapé par son ou ses tueurs, parce que, nous le verrons, il porte en fait deux types de blessures, dans quelle direction court-il ? Vers ses proches voisins, vers la route ? Non, il court vers la maison de son frère ! Le fou furieux qui dépèce toute sa famille ? Il ne verrait pas son frère comme étant son seul refuge dans ce moment terrible.

Dans le courant de la soirée, les tueurs vont parachever la scène de leur tuerie. Peut-être tirer le corps déchiqueté de Christian abandonné derrière la haie de thuyas. Sinon comment expliquer le témoignage de M. Valette, qui affirme avoir vu de la lumière, dans la maison des horreurs, vers 23 h 45 ? Lumière qui n'a pas pu s'éteindre toute seule, parce que les premiers témoins sont formels : pas la moindre lumière dans la maison. Peut-être aussi que l'un des monstres tentait de retrouver le fameux bouton arraché et, pour cela, a déplacé le corps d'Audrey ?

Les cheveux dans la main mutilée de Sandra ? À l'époque, les recherches génétiques n'étaient pas aussi développées qu'aujourd'hui et on n'a pas pu prélever d'ADN, les cheveux – ayant été coupés et non arrachés – ne contenant pas de bulbe. Mais une analyse de texture et de couleur aurait été, me semble-t-il, indispensable pour élargir les comparaisons. Rien n'a été fait dans ce sens.

Dans le rapport d'expertise, il est mentionné que vingt-quatre scellés, pourtant numérotés, n'ont pas été analysés. On ne sait pas de quoi il s'agit ni pourquoi ils ont été écartés.

Une esquisse de perquisition qui s'est, en gros, résumée à ouvrir les tiroirs de Martine et à empiler les jeans et les chaussures de Dany, a eu lieu au domicile des Leprince le 5 septembre 1994. Les couteaux analysés révèlent l'ADN des victimes mais aussi celui d'inconnus. Un couteau à manche jaune contient un ADN compatible avec celui d'Audrey. Mais que fait donc ce couteau dans le tiroir de Martine ? Qui l'a apporté là ?

Un autre, en Inox, retrouvé sur les lieux avec la lame cassée, révèle une tache de sang dont l'ADN est inconnu. Si ces ADN restent inconnus, cela ne serait pas dû à l'absence de comparaisons effectuées plus largement dans l'environnement des victimes ? On ne peut pas faire grief à la juge d'avoir attenté à la bourse du contribuable !

En conclusion : toutes les empreintes, génétiques ou autres, aboutissent à « un inconnu », sauf celles qui concernent les victimes. Quel acharnement scientifique !

Il y a de quoi sombrer du vertige au malaise devant tant de légèreté, à tous les niveaux, à tous les étages, qui se cristallise au fil des actes de procédure et des investigations. Le plus grave, c'est la connivence tacite entre les intervenants, installés aux « commandes judiciaires », qui quelquefois avalisent sans coup férir des décisions, par confiance corporatiste, disons. Du capitaine Dreyfus à Outreau, rien ne sert de leçon. Pourtant, dans tous les séismes judiciaires, une constante : ce n'est pas l'institution elle-même qui est à remettre en cause, mais le comportement d'individus qui usent et abusent de leur pouvoir comme de leur impunité. Que l'on arrête d'imputer systématiquement chaque dérapage à un problème de moyens et d'effectifs ! Et que l'on rende responsable celui qui attente à la liberté, à la vie d'autrui, qu'il soit magistrat ou pas. Dans toutes les affaires, les experts jouent un rôle déterminant. Ces grands savants sont capables de boucher toutes les insuffisances d'un dossier. Ils « interprètent », trop souvent dans le sens du prince. Ils sont désignés et, via le contribuable, sont également payés par le juge d'instruction. Cette proximité flirte avec une sorte de connivence, l'un ayant la fâcheuse tendance à se glisser dans les désirs de l'autre. Et si, par hasard, le baveux réclame une contre-expertise, c'est le même juge qui désigne un copain du premier expert pour la faire. À force de tourner en rond, on a vite des pensées courbes.

C'est le règne de la culture schizophrénique la plus absolue, celle de la certitude que l'on distille à l'école de la magistrature. Pour être sacré maître intouchable, une seule note suffit. Même pas un 12/20. Ce n'est pas un gage de vertu, mais les mensonges, la folie, même, peuvent devenir sacrés.

Pour accéder à ces fonctions suprêmes, même pas besoin, comme les flics ou les matons, de produire un bilan de santé mentale : une seule note suffit.

La cause de tous les dérapages prend racine dans la rigidité intellectuelle des individus, non du système. Et là où ça ne dérape pas, nous voyons des magistrats qui privilégient « la vérité » à toutes constructions judicaires.

Je ne reproche pas à la justice de pouvoir se tromper mais de se croire infaillible.

Dans cette terrifiante affaire Leprince, tout semble glisser, tout semble imperméable, impénétrable. Les réalités les plus criantes n'adhèrent pas, ne créent pas de dynamique logique et objective. Mais il est vrai que si l'on s'accroche au postulat que l'on tient le coupable, le seul coupable, alors l'affaire est réglée. Les experts n'ont en fait réalisé que les maigres travaux sollicités par la juge. C'est elle qui désigne toutes les directions à suivre et prend toutes les initiatives. La fixation qu'elle fait sur Dany Leprince semble l'aveugler et l'empêcher de voir les autres hypothèses.

Se demande-t-elle comment son coupable peut l'être s'il n'a pas laissé une seule empreinte sur les lieux de la tragédie ? Elle est tellement certaine de son fait qu'elle ne lui demande jamais qui sont ses complices, alors que des traces de plusieurs individus sont là, à fleur de dossier... Et les superviseurs du parquet rament avec la juge, dans la même et unique direction.

7.

Étranges reconstitutions...

Le 12 avril 1995, transport sur les lieux.

Dany Leprince, qui clame son innocence, refuse toute participation à la reconstitution. Dans ces conditions, les avocats de la défense décident de se retirer. De ce fait, ils ne cautionnent pas ce qui s'avère une pure pantalonnade.

Lesdites opérations débutent à 20 h 10. Rien à voir, même avec des horaires élastiques. Personne ne pouvant décrire le déroulement exact des atrocités, nous entrons alors dans une sorte de film. Toute une mise en scène est reproduite à coups de clichés photographiques. Les supputations prennent des dimensions de réalité. En fait, on nous donne l'impression d'avoir inventé un scénario, qui induit même les actes et réactions des victimes, comme si on filmait réellement le massacre. Lorsque Brigitte et ses filles sont exécutées, Christian arrive. D'où ? Comment ? On ne le sait pas, mais il arrive, alors qu'ils viennent de rentrer chez eux tous ensemble. Et il n'a rien entendu ? Pas le moindre hurlement ? On le fait donc entrer et, bien sûr, les tueurs sont là. Il tente de fuir, il est rattrapé.

Ensuite, Célia se positionne et raconte sa dernière déclaration. Puis Martine entre dans la maison, voit le corps de Brigitte en premier lieu. Elle découvre ensuite Sandra et Audrey, mais ne voit pas Solène. Elle court chez elle en sautant pardessus un grillage, elle va rejoindre sa télé pour pioncer un moment devant.

Leurs réels positionnements ? Célia n'a pas entendu ni vu sa mère ? On n'en parle pas. Cela aurait éventuellement permis de les confronter sur un point : le fait qu'elle n'entend pas sa mère. Les contradictions flagrantes entre la version de la mère et celle de la fille ? Zappées.

PROCÈS-VERBAL DE RECONSTITUTION DU 12 AVRIL 1995

COUR D'APPEL D'ANGERS

IBUNAL DE GRANDE INSTANCE
DE LE MANS

CABINET DE Céline BRUNETIERE
Juge d'Instruction

PARQUET N° 94/
DOSSIER N° 94/075

D374
C4

reconstitution

PROCES VERBAL DE TRANSPORT
SUR LES LIEUX

Le 12 Avril 1995 à 10 Heures

Vu la procédure suivie contre Dany LEPRINCE

mis en examen du chef de MEURTRES concomittants avec d'autres crimes et sur mineures de 15 ans

Vu l'article 92 du Code de procédure pénale,

Vu notre ordonnance de transport sur les lieux en date du 7 AVRIL 1995 pour le 11 AVRIL 1995 à 19 heures.

Nous, Céline BRUNETIERE, Juge d'Instruction au Tribunal de Grande Instance DE LE MANS,

Accompagnée de Jean Claude THIN,, Procureur de la République,

Et assistée de Dominique MEILLANT, Greffier

Nous sommes transporté à "L'Epinay d'en bas" et "La Groie" à THORIGNE SUR DUE (72) où nous avons procédé à la reconstitution des faits qui se sont déroulés le DIMANCHE 4 SETPEMBRE 1994 dans la soirée.

Nous arrivons à 19 heures 50.

Nous sommes en présence de :
- La personne mise en examen Dany LEPRINCE et de son Conseil Me PELLETIER assisté de son confrère Me CAMPION, convoqué par lettre recommandée en date du 4 AVRIL 1995,
des témoins :
- Célia LEPRINCE, née le 25 DECEMBRE 1978 à LE MANS, (72)
- Martine COMPAIN épouse LEPRINCE, née le 6 NOVEMBRE 1956 à VOIVRES LES LE MANS (72)
qui prêtent serment et précisent pour célia qu'elle est la fille de la personne mise en examen et pour Martine qu'elle est l'épouse du mis en examen.

Me PELLETIER s'entretient avec son client et Me CAMPION, dans un véhicule de Gendarmerie de 20 heures à 20 heures 05.

Madame AUFORT fera la victime Sandra.
Madame MOREAU fera la victime Brigitte.
Madame THOMAS fera la victime Audrey.
Monsieur HUET fera le rôle de l'auteur.
Monsieur BESCHER fera la victime Christian.

Arrivés à hauteur de la propriété de Christian LEPRINCE, Dany LEPRINCE nous fait savoir qu'il refuse d'aller plus loin indiquant que le 4 SEPTEMBRE au soir, il n'a pas été sur le terrain de son frère. Nous lui indiquons que dans ces conditions il ne pourra pas assister à la reconstitution pour le déroulement de laquelle nous ne lui demandions pas de jouer un quelconque rôle. Malgré ses indications il refuse d'aller plus loin et demande à aller dans le fourgon.

Dans ces conditions Me PELLETIER et Me CAMPION décident de se retirer, Dany LEPRINCE ne souhaitant pas non plus assister aux oéprations de reconstitution devant se dérouler à l'extérieur de la maison.

Nous faisons dans ces conditions appel à deux témoins pour pénétrer dans la maison.

Nous faisons signer le manuscrit du procès verbal à Dany LEPRINCE avec nous et le greffier.

Mentionnons l'arrivée de Monsieur PLAIS, Maire de THORIGNE SUR DUE, et de Monsieur PASSE Adjoint au Maire de THORIGNE SUR DUE.

Nous faisons constater l'intégrité des scellés sur la porte d'entrée principale. Nous brisons le scellé et entrons dans la maison.

Nos opérations commencent à 21 heures 10.

PHOTO 1 : Brigitte est assise sur le canapé et tient un pot de yaourt.
PHOTO 2 : l'auteur des faits se présente devant Brigitte.
PHOTO 3 : l'auteur brandit la feuille de boucher.
PHOTO 4 : Brigitte cherche à s'emparer du tisonnier.
PHOTO 5 : Brigitte s'est emparée du tisonnier.
PHOTO 6 : Brigitte brandit le tisonnier.
PHOTO 7 : l'auteur donne un coup de feuille sur la main droite de Brigitte.
PHOTO 7 BIS : doublée en aggrandissement sur les mains.
PHOTO 8 : Suite au choc Brigitte lache le pot de yaourt.
PHOTO 9 : Brigitte se lève précipitamment.
PHOTO 10 : Brigitte se lève, elle a laché le tisonnier sur le canapé.
PHOTO 11 : Brigitte se dirige en courant vers la cuisine.
PHOTO 12 : Elle perd une de ses mules.
PHOTO 13 : en courant Brigitte perd sa mule gauche.
PHOTO 14 : Brigitte se dirige vers la cuisine.
PHOTO 15 : Brigitte passe par l'embrasure de la porte pour aller dans la cuisine.
PHOTO 16 : Dans la cuisine, rattrapée par l'auteur, Brigitte fait un geste de défense avec son bras gauche.
PHOTO 17 : Un autre coup est porté à hauteur du poignet gauche.
PHOTO 18 : Brigitte prend appui sur l'étagère alors qu'elle est en train de tomber.
PHOTO 19 : Brigitte est frappée au niveau du visage.
PHOTO 20 : Brigitte est tombée par terre.
PHOTO 21 : L'auteur frappe Brigitte de plusieurs coups de feuille sur la tête.
PHOTO 22 : Brigitte est frappée derrière l'oreille gauche.
PHOTO 23 : Brigitte est frappée sur le dessus du crane.
PHOTO 24 : Sandra et Audrey sont dans leur chambre.

PHOTO 25 : Alertée par les cris de Brigitte, Sandra sort de sa chambre.
PHOTO 26 : l'auteur sortant de la cuisine se dirige vers Sandra et se trouve face à elle.
PHOTO 27 : l'auteur brandit la feuille et Sandra esquisse un geste de défense.
PHOTO 28 : Le coup porté sur le doigt atteint aussi le front.
PHOTO 29 : Sandra s'éffondre.
PHOTO 30 : l'auteur frappe Sandra sur le dessus de la tête.
PHOTO 31 : l'auteur frappe Sandra au niveau de la nuque.
PHOTO 32 : il frappe plusieurs fois.
PHOTO 33 : Audrey sort à son tour de la chambre et se trouve face à l'auteur des faits.
Nous faisons installer à la place qu'occupait la machine à laver un meuble.
PHOTO 34 : l'auteur frappe Audrey qui esquisse un geste de défense de la main gauche, il l'a frappée à la main gauche.
PHOTO 34 BIS : même chose.
PHOTO 35 : le coup porte sur la main gauche et atteint tous les doigts.
PHOTO 36 : l'auteur parvient à frapper Audrey au niveau du nez.
Pour figurer les tailles respectives de l'auteur et de la victime, nous installons l'auteur sur une petite chaise.
PHOTO 37 : l'auteur frappe Audrey sur la tête à deux reprises
PHOTO 37 BIS : idem
PHOTO 38 : Audrey s'est effondrée au pied de la machine à laver.
PHOTO 39 : un coup est porté sur le coté gauche de sa tête.
PHOTO 40 : un autre est porté sur la tête, dans l'action des coujps atteignent la machine à laver. C'est la partie centrale de la lame qui atteint la machine à laver.
PHOTO 41 : l'auteur emploigne Audrey par les pieds et la fait pivoter.
PHOTO 42 : Audrey se retrouve sur le dos.
PHOTO 43 : l'auteur traine Audrey au long du couloir jusque dans la chambre.
PHOTO 44 : à l'entrée de la chambre.
PHOTO 45 : dans la chambre.
PHOTO 46 : Audrey est par terre. Position d'Audrey lorssqu'elle a été retrouvée.
PHOTO 47 : Christian rentre chez lui et ne voit pas l'auteur.
PHOTO 48 : même chose, plus avancé.
PHOTO 49 : Ils se dirige aussitot vers chez son frère.
PHOTO 50 : L'auteur sort de la maison et poursuit Christian.
PHOTO 51 : L'auteur continue de courir après Christian qui se dirige vers l'angle de sa maison.
PHOTO 52 : l'auteur a commencé à rattrraper Christian qui aborde la pelouse.
PHOTO 53 : l'auteur rattrape Christian à hauteur de la boite aux lettres.
PHOTO 54 : Christian esquisse un geste de défense et reçoit un coup sur la main gauche.
PHOTO 55 : Christian reçoit un coup sur la main droite qui lui sectionne un doigt, le petit.
PHOTO 56 : l'auteur frappe Christian avec la feuille à plusieurs reprises sur la tête.
PHOTO 57 : Christian s'écroule.
PHOTO 58 : l'auteur donne des coups sur la tête.
PHOTO 59 : et sur le cou.
PHOTO 60 : l'auteur tire Christian par les pieds.

Poids respectif : du figurant pour Christian : 94 kgs
du figurant pour l'auteur : 72 kgs

PHOTO 61 : l'auteur fait passer le corps entre le 3è et 4è tuya .

PHOTO 62 : après avoir passé le corps au travers de la haie, l'auteur lâche Chrsitian.

PHOTO 63 : Après un moment, l'auteur recommence à trainer le corps sur le gravillon.

PHOTO 64 : idem

PHOTO 65 : l'auteur frappe Christian devant le garage sur le visage.

PHOTO 66 : idem.

PHOTO 67 : l'auteur recommencent à tirer Christian vers la maison.

PHOTO 68 : l'auteur empoigne Christian par dessous les épaules.

PHOTO 69 : il le fait entrer dans la maison.

PHOTO 70 : l'auteur fait entrer Christian par le demi-battant ouvert de la salle à manger.

PHOTO 71 : le corps se retrouve sur les jambes de Sandra et se retrouve dans la position où on l'a découvert.

PHOTO 72 : Célia sort de la salle à manger pour sortir les chiens. Après avoir rappelé ses chiens, elle les renferme dans la maison.

PHOTO 73 : Célia referme la porte.

PHOTO 74 : Célia ayant entendu des cris se dirige vers le garage.

PHOTO 75 : Célia se tient dans l'ouverture de la porte du garage et regarde vers la boite aux lettres.

PHOTO 76 : même photo, Célia de face.

Mentionnons que Célia nous précise que le tuyat au coin était moins touffu que maintenant.

Mentionnons que nous ne donnons pas à l'auteur la feuille Célia nous dit qu'elle n'a pas discerné la forme de l'arme.

PHOTO 77 : Position de Christian et de l'auteur, telle que vu par Célia de l'endroit où elle se trouvait.

PHOTO 78 : idem

PHOTO 79 : idem

PHOTO 80 : même vu de plus près.

PHOTO 81 : vue rapprochée de l'auteur tirant Christian par les bras.

PHOTO 82 : même vue telle que vue par Célia de l'endroit où elle était.

PHOTO 83 : Position de Christian et de l'auteur telle que décrite par Célia, devant le garage.

PHOTO 84 : Photo représentant Célia à l'endroit où elle se trouvait et d'où elle a vu Christian et l'auteur dans les positions qu'ils avaient devant le garage.

Mentionnons que Célia nous dit qu'il faisait m oins nuit qu'à l'instant où nous prenons ce cliché (23 h 15). Le témoin nous dit qu'elle a vu le visage de son père puisqu'il y avait de la lumière devant le garage et ainsi que la feuille à l'aide de laquelle Christian a été frappé par son père.

PHOTO 85 : Célia retourne à son domicile.

Mentionnons que Martine LEPRINCE nous indique qu'elle est sortie de son garage alertée par des cris, qu'elle s'est dirigée vers la boite aux lettres où elle s'est trouvée en présence de Dany LEPRINCE et de Christian LEPRINCE.

PHOTO 86 : Martine LEPRINCE voit Dany frappant Christian à l'aide de la feuille, elle crie "arrêtes-arrêtes". Les positions de la victime et de l'auteur sont celles décrites par Martine LEPRINCE.

PHOTO 87 : Martine LEPRINCE se dirige vers le domicile de Brigitte.

Mentionnons que Martine LEPRINCE ne se souvient pas du chemin ur aller chez Brigitte, sur la route, sur l'herbe ou à travers a haie de tuyas.

Mentionnons que Martine LEPRINCE nous dit que la porte était ouverte et qu'elle n'a pas eu à la pousser.

PHOTO 88 : Martine LEPRINCE rentre dans la maison.

PHOTO 89 : Martine LEPRINCE découvre Brigitte dans la cuisine, positions du corps telle que décrite par Martine.

PHOTO 90 : Martine découvre Audrey et Sandra allongées par terre maïs elle ne se souvient pas de leur position exacte.

Le témoin nous déclare qu'elle a le souvenir d'avoir vu du sang, et que cela a duré une fraction de seconde. Martine nous indique qu'elle ne se souvient pas avoir vu Solène à ce moment là ni l'avoir entendue, elle ne se souvient pas si la porte de la chambre était ouverte. Après être restée une fraction de seconde Martine LEPRINCE sort de la maison.

PHOTO 92 : pour retourner chez elle, Martine LEPRINCE passe par derrière la maison de Christian.

PHOTO 93 : elle passe par dessus le grillage séparant les deux propriétés.

PHOTO 94 : elle est passée de l'autre coté.

PHOTO 95 : Martine LEPRINCE rentre chez elle par le garage.

Mentionnons que Dany LEPRINCE est resté dans le fourgon pendant toute la durée de cette reconstitution et que nous avons ordonné à son escorte de regagner la maison d'arrêt de RENNES à minuit.

Mentionnons que nous plaçons sous scellé la paire de bottes mexicaines appartenant à Christian LEPRINCE, que nous signons avec le témoin Mr   et PASSE.

Nous reposons les scellés sur la porte d'entrée de la maison du Christian LEPRINCE que nous signons avec les témoins Mrs PLAIS et PASSE.

Nous opérations se terminent à 0 heures 35.

Lecture faite, les témoins : Mrs PLAIS et PASSE, Célia et Martine LEPRINCE, persistent et signent, le manuscrit du procès verbal approuvant dix sept mots rayés nuls avec nous et le greffier, en précisant que Martine et Célia participent à la reconstitution à partir de la photo 72.

Normalement, une reconstitution implique une mise en scène minutieuse à partir d'élément précis apportés par des déclarations et des faits avérés. Mais quiconque prend les déclarations enregistrées ne peut pas réaliser la moindre reconstitution. Nous avons tenté de le faire. En vain, malgré toute notre bonne volonté. Une autre attitude pose problème : dans ce mauvais roman-photo, on a totalement écarté les « aveux partiels » de Dany, qui « discute calmement avec son frère, puis s'énerve ».

Et si Mme la juge, qui vient de qualifier toute son instruction de « limpide » auprès de Karl Zéro qui a réalisé un sujet sur cette affaire, veut bien m'expliquer sa logique et celle de ses reconstitutions, cela m'arrangerait, parce que je pédale dans la semoule...

Le 23 septembre 1995, Céline Brunetière se retrouve sur les lieux avec Dany Leprince, qui refuse à nouveau farouchement toute participation. Point barre.

Il est net que ni ses dénégations ni ses protestations ne seront jamais prises en considération. Dany Leprince est le coupable, le seul coupable, c'est aussi clair qu'hermétique. On ne tient pas compte non plus des déclarations de Célia et de Martine, qui d'ailleurs ne peuvent faire l'objet d'une reconstitution tant la mère et la fille se contredisent. En fait, la reconstitution nous raconte une autre histoire, que l'on ne retrouve pas dans le dossier. Pour preuve, nous relevons que Mme la juge parle à Dany de « la feuille de boucher qu'il a prise dans le garage ». De toute évidence, elle n'a pas encore relevé le fait qu'à l'endroit qu'il a indiqué il n'y avait pas de feuille de boucher.

C'est tout pour les reconstitutions.

Évidemment, cela crée un malaise puisque, de toute évidence, on va de supposition en allégation pour parvenir à une seule conclusion : Dany Leprince est le seul coupable de cette boucherie.

8.

Mmes Froger et Hatton, porte-parole de Solène

Les médias n'ont pas abandonné Thorigné-sur-Dué, la ruée s'enfle et continue, de plus en plus persistante. Le terrible assassin a tout avoué selon la presse, mais paradoxalement il n'y a qu'une infime minorité pour croire en sa culpabilité... Des disputes entre les frères, personne n'en rapporte. Pas de témoins, de près comme de loin. Seul un représentant de commerce dit que « Dany voulait mettre un coup de pied au cul de son frère » pour une histoire de voiture mal réparée.

Martine et sa fille continuent de déconcerter leur monde par leurs attitudes aussi rigides que détachées. La propre mère de Martine, qui garde Célia depuis le drame, est sceptique. Elle dit que sa petite-fille paraît très éloignée du drame et qu'en même temps, Célia parle de la tragédie comme si elle y était. Elle est indifférente au sort de son père, qui s'occupait plus de ses champs que d'elle. Après le drame, Martine a tout vendu et s'est intallée avec ses filles au Mans. Célia est visiblement heureuse, elle est bien installée dans sa nouvelle vie avec sa mère.

Dès le début de l'horreur, Claudette Froger, la voisine qui, les 5 et 20 septembre 1994, persiste à dire qu'elle n'a rien vu ni rien entendu, est très sollicitée par la presse et ne semble pas détester cela. Elle déclare d'ailleurs aux gendarmes s'être « un peu avancée avec des journalistes » et s'être « fait piéger ». Qu'a-t-elle dit et en quelles circonstances ? Toujours est-il qu'elle se remet dans la course, un mois après ses premières auditions, en annonçant que, subitement, un morceau de mémoire lui revient. Que dit-elle le 3 octobre 1994 ? Après avoir lu le *Paris-Match* du 22 septembre 1994, qui mentionne les mots « Arrête, arrête ! » qui auraient été prononcés par Martine, elle vient de se souvenir qu'elle l'a bien entendue crier, mais pas sur un ton alarmant. Elle déclare : « J'ai pensé que Dany venait de cogner sa voiture quelque part et qu'elle lui demandait d'arrêter. » Par contre, son fils Gaylord, quatorze ans, qui est avec elle lorsqu'elle rentre ses dindes, ne se souvient pas d'avoir entendu quoi que ce soit. Nous ne retrouvons pas une seule audition le concernant.

Bien sûr, sa sœur et son mari se souviennent tout aussi brutalement que, en effet, Claudette Froger leur en aurait parlé le soir même. Dans sa nouvelle déclaration, cette dernière entend donc le « Arrête, arrête ! » de Martine d'une voix peu alarmante. On peut s'en étonner vu les circonstances.

Nous savons que, au moment où Martine prétend crier, elle voit Dany frapper son frère qui hurle, et que Célia entend également des cris stridents dans la maison de son oncle. Comment se fait-il que la voisine ne perçoive pas ces hurlements simultanés ?

À ce stade du dossier, Claudette Froger est bien la seule à avoir entendu le fameux « Arrête, arrête ! » de Martine, né d'un cauchemar en garde à vue et distillé dans la procédure.

PROCÉDURE
CRIME FLAGRANT
PROCÈS-VERBAL D'AUDITION DE TÉMOIN

Ce jour cinq septembre mil neuf cent quatre-vingt-quatorze à dix-sept heures trente.

Personne concernée : JOUANNEAU, Claudette épouse Froger

Demeurant LA SOURUE à THORIGNÉ-SUR-DUÉ, mécanicienne en confection.

Nous trouvant au domicile de l'intéressée comparaît devant nous la personne dénommée ci-dessus qui, entendue séparément nous déclare à dix-sept heures trente.

Je ne suis ni parente, ni alliée, ni au service des parties.

Je suis la voisine de la famille LEPRINCE et mon habitation se trouve à 200 mètres de leur maison.

Cela fait environ dix ans que nous sommes voisins. Nous sommes en bons termes depuis leur arrivée mais nos emplois du temps ne nous permettent pas de nous côtoyer régulièrement.

Hier, vers 10 heures 30, une renault 6 de couleur beige est entrée à l'intérieur de ma cour. Deux hommes se trouvaient à bord. Ces personnes-là m'ont demandé l'adresse de M. LEPRINCE Christian, carrossier.

Ils ont quitté mon domicile et je n'ai pas vérifié s'ils se rendaient vraiment chez M. LEPRINCE. Ce n'est pas la première fois que l'on me demande où habite M. LEPRINCE.

Le conducteur m'a semblé assez grand, mince portant

une moustache genre bacchantes mais fine, de type européen. Le passager rensemblait au conducteur. Il m'a semblé qu'il s'agissait de deux frères. Ils avaient la même physionomie et portaient les mêmes moustaches. Ils ont été très corrects avec moi. Il me semble que c'étaient des gens sans histoire et posés.

Vers 21 heures 15, je suis sortie à l'extérieur pour rentrer mes chèvres et mes dindes. Je suis restée dehors jusqu'à 22 heures 15. Je n'ai rien entendu de particulier.

Au cours de la nuit, je n'ai rien entendu malgré que je me sois réveillée vers 02 heures 45 suite à une indigestion de champignons.

Quand je suis à mon domicile, je n'entends jamais les allées et venues des véhicules qui circulent dans le chemin où habite M. LEPRINCE.

/.../

*
**

ENQUÊTE SUR COMMISSION ROGATOIRE
PROCÈS-VERBAL D'AUDITION DE TÉMOIN

Le 3 octobre 1994.

Je me nomme JOUANNEAU, Claudette épouse FROGER. Je suis née le 14 juillet 1957 à BOULOIRE (72). Je suis fille de Georges et de DESHAYES, Simone. J'exerce la profession de mécanicienne en confection. Je suis mariée avec M. FROGER Didier et nous avons deux enfants.

/.../

Je confirme être sortie dehors le 4 septembre 1994 pour ramasser mes chèvres et mes dindes. Il devait être 21 heures lorsque je suis sortie de ma maison.

Le film de TF1 commençait, c'est pourquoi je vous dit qu'il devait être 21 heures. Il commençait à faire nuit.

Lorsque je suis rentrée après avoir ramassée les bêtes, il devait être entre 21 heures 45 minutes et 22 heures. Le film n'était pas terminé. Mes chèvres se trouvaient dans un pré à environ cinquante mètres derrière ma maison. Je suis allée les chercher un peu plus loin car elles s'étaient échappées. Je les ai parquées dans l'enclos près du poulailler. Ceci m'a pris environ 20 minutes. Ensuite, j'ai ramassé les dindes qui se trouvaient près de l'enclos des chèvres et du poulailler. Mon fils Gaylord m'accompagnait. Nous avons mis environ une demi-heure pour les faire entrer dans le poulailler. Nous sommes restés dans le poulailler pour installer des barres de bois pour que les dindes puissent se percher. Ceci nous a pris environ 10 minutes. Après cela, je suis rentrée dans la maison ; mon fils est resté environ cinq minutes pour surveiller et voir si les dindes allaient bien sur les barres de bois que nous venions d'installer.

C'est à partir de ce moment-là, dans le déroulement de ma soirée du 4 septembre 1994, que je désire apporter une modification par rapport à mes auditions préalables. En effet, après réflexion et lecture de différents journaux ayant trait à l'affaire, mon attention a été attirée par un article faisant allusion au fait que Martine dans le moment des faits aurait crié à deux reprises le mot « ARRÊTE » à l'égard de son mari Dany.

L'expression « ARRÊTE ARRÊTE » m'a frappée et m'a fait me souvenir que ce soir-là, au moment où je rentrais, entre le poulailler et la maison, j'ai effectivement entendu Martine prononcer ces deux mots-là. Par rapport à l'endroit d'où venait cette voix, sur le moment, j'en ai conclu que c'était Martine LEPRINCE qui se trouvait devant chez elle, près de son garage. Pour moi, il ne faisait aucun doute, ce n'était pas la voix de Brigitte, c'était celle de Martine. Sur le moment, ce qui m'est venu à l'esprit, c'est que Dany avait dû buter dans l'entrée du garage avec sa voiture et que Martine lui avait demandé d'arrêter. Je n'ai pas entendu de bruit, de voiture ni aucun autre bruit. Il m'a semblé que Martine continuait à parler après mais c'était incompréhensible pour moi.

Je réalise l'importance de ma déclaration, et je vous assure que c'est après mûre réflexion de ma part que je me suis décidée à vous contacter ; je ne pouvais pas garder cela pour moi.

Si je n'ai rien dit lors de mes précédentes déclarations, c'est que je ne me suis pas souvenue de ce détail qui pour moi n'avait pas d'importance sur le coup et pour lequel je n'avais pas fait de rapprochement. C'est au fil des jours et après avoir vu l'article que j'ai réalisé que je pouvais être dehors au moment des faits et que je me suis souvenue de cette expression de Martine.

C'est sur le PARIS-MATCH M2533 éditions du 22 septembre 1994 que j'ai vu l'expression sur l'article. J'ai lu cet article il y a une dizaine de jours mais j'ai voulu me donner du temps afin de bien réfléchir pour ne pas me tromper.

Je peux vous dire que maintenant, en conclusion, je réalise que j'étais dehors au moment où le drame se déroulait. Je vous avoue que je me culpabilise sur le fait que j'aurais peut-être pu intervenir utilement.

À aucun moment, ce soir-là, lorsque j'ai entendu Martine s'exprimer, je n'ai ressenti une intonation alarmante dans sa voix. Si cela avait été le cas, il est évident que dès le lendemain matin, en apprenant le drame, je me serais remémoré ceci tout de suite. D'ailleurs, en rentrant, j'en aurais parlé tout de suite à mon mari.

Ce qui me conforte dans mon idée que ces cris n'avaient pas une intensité alarmante, c'est que mon fils qui se trouvait encore dehors n'a rien entendu. Il est peut-être moins attentionné que moi, mais vu le peu de distance, s'il avait entendu, il l'aurait dit.

Si les « cris » avaient persisté, mon chien qui se trouvait dehors avec nous, aurait certainement réagi. Or il n'a pas bougé.

/.../

PROCÈS-VERBAL DE CLAUDETTE FROGER DU 27 MARS 1996

GENDARMERIE NATIONALE
Legion de Gendarmerie départementale
des Pays de la Loire

SECTION DES RECHERCHES
ANGERS
33, rue du Nid de Pie - B.P. 4127
49041 - ANGERS CEDEX

Procès-verbal n° 140 / 1996
Brigade de CONNERRE (72)

PROCEDURE SUR COMMISSION ROGATOIRE

PROCES-VERBAL D'AUDITION DE TEMOIN

Réservé destinataire

D502
Cl.

Pièce n° 140/35 - Feuillet n°1/5

L'an mil neuf cent quatre vingt seize, le vingt sept mars, 96
Nous trouvant à la brigade des recherches de LE MANS (Sarthe),
Nous, JOZEAU, Gérard, Adjudant à la Section des Recherches à ANGERS (Maine & Loire),
Officier de police judiciaire,

Vu les articles 16 et 151 à 155 du Code de procédure pénale,

RAPPORTONS LES OPERATIONS SUIVANTES, QUE NOUS AVONS EFFECTUEES EN EXECUTION DE LA COMMISSION ROGATOIRE DESIGNEE CI-DESSOUS.

Voisine

RENSEIGNEMENTS SUR LA DELEGATION

DATE	NUMERO	NOM ET FONCTION DU MAGISTRAT MANDANT
07.02.1996	94/075	Mme BRUNETIERE, Céline, Juge d'instruction près le T.G.I. de LE MANS (72)

INFORMATION OUVERTE CONTRE :
LEPRINCE, Dany.

MIS EN EXAMEN DU CHEF DE :
Meurtre concomitant avec un autre crime et meurtres sur mineures de quinze ans.

DATE	TRANSMISSION-NUMERO	DU (Grade-Nom-Fonction)
07.02.1996	75/3 SERV.	Colonel MARCHETTI, Commandant la Légion des Pays de la Loire.

MISSION : Cf procès-verbal de synthèse.

ENQUETE

Faisons comparaître devant nous à 16 heure(s) 00 le témoin ci-après nommé, et lui donnons connaissance des faits pour lesquels sa déposition est requise.

Après avoir prêté serment de dire toute la vérité, rien que la vérité, le témoin, entendu séparément et hors la présence du mis en examen, dépose ainsi qu'il suit :

Je me nomme **JOUANNEAU**, épouse **FROGER, Claudette**. Je suis né(e) le 14 Juillet 1957 à BOULOIRE (Sarthe). Je suis fils (fille) de Georges et de DESHAYES, Simone. J'exerce la profession de mécanicienne en confection actuellement à la recherche d'un emploi. Je suis domicilié(e) au lieudit « La Source » à THORIGNE SUR DUE (72). Je suis mariée avec Monsieur Didier FROGER et nous avons deux enfants. Je suis de nationalité Française.

Je ne suis ni parente, ni alliée, ni employée des parties en cause dans le présent dossier.
Je reconnais avoir pris connaissance des termes de la commission rogatoire au titre de laquelle vous procédez à mon audition aujourd'hui. Ce document m'a bien été présenté.
Je suis au courant des faits et de l'enquête qui en découle car j'ai déjà été entendue plusieurs fois par vos services et par le juge d'instruction, Mme BRUNETIERE.

LE TEMOIN

C. Froger

Je suis au courant que mon audition d'aujourd'hui fait suite à celle de mon amie Mme HATTON, Nelly de THORIGNE SUR DUE (72), intervenue dans la journée d'hier. Nelly m'avait prévenue de cela et je suis tout à fait d'accord avec elle sur notre devoir de faire connaître à la justice, tout ce dont nous avons connaissance par rapport à cette affaire. ——————

Dans un premier temps, je dois vous dire que depuis l'an dernier, peu de temps après mon audition par le juge d'instruction et ma confrontation avec Dany LEPRINCE, je me suis souvenue d'un autre évènement au cours de cette soirée du dimanche. En effet, comme je l'ai déjà dit, après avoir fini mon travail avec mes animaux, je suis rentrée à la maison vers 22 heures 00. Je suis restée un petit moment en compagnie de mon mari occupé à regarder un film à la télévision. J'ai dû rester très peu de temps avec mon mari avant d'aller me coucher car le film qui était violent ne me plaisait pas. Je pense pouvoir estimer ce laps de temps entre 05 et 10 minutes. C'est à ce moment précis, alors que j'étais assise dans mon fauteuil, installée face à la porte fenêtre, peut-être entr'ouverte à ce moment là, que j'ai entendu un bruit de crissement de pneumatiques sur les gravillons au bout du chemin des LEPRINCE. Immédiatement après, au travers de ma porte-fenêtre, j'ai vu la FORD SIERRA de Dany et Martine passer à vive allure sur la route devant mon domicile. Elle allait en direction du BREIL SUR MERIZE. ——————

Je suis incapable de vous dire qui conduisait cette voiture à ce moment précis car il faisait nuit et elle roulait vite. Par contre, je suis formelle, c'est bien la voiture de Dany qui est passée et cela correspondait tout à fait au bruit fait à l'intersection que je venais d'entendre immédiatement avant. N'y ayant pas prêté attention sur le moment, je suis incapable de vous dire où est allée cette voiture. Je ne l'ai pas observée après qu'elle soit passée devant chez moi et je n'ai pas entendu un quelconque bruit susceptible de m'orienter sur sa destination possible. ——————

Ce bruit de voiture qui démarre à cette intersection m'est relativement familier et je ne peux pas me tromper. Sur le moment, il faut dire que pour moi, ce passage de la voiture de Dany et Martine avait un caractère normal et ne m'a pas intrigué du tout. J'étais habituée à les voir faire leurs navettes à tous moments de la journée et de la soirée entre leur domicile, la ferme des grands parents à La Goualtière et la leur à L'Imbaudière. ——————

Si je ne parle de cela qu'aujourd'hui c'est uniquement dû au fait que, par l'intervention de Mme HATTON, je suis de nouveau amenée à déposer. Franchement, pour moi, ce mouvement de la voiture de Dany ce soir-là, ne me parassait pas important et pour tout vous dire, j'hésitais à vous en parler, dans la mesure où je ne m'en suis pas souvenue rapidement ou du moins lors de mes auditions précédentes et il était difficile pour moi d'aborder ce sujet, n'ayant fait que de voir leur voiture passer, sans savoir qui la conduisait et où elle allait. Une chose est certaine, aujourd'hui, même si cela vient en contradiction avec ce que j'ai pû déclarer antérieurement, je suis formelle sur le passage de la voiture de Dany et Martine devant mon domicile dans la soirée du dimanche 04 Septembre 1994. Pour moi, ceci est intervenu approximativement dans les cinq ou dix minutes qui ont suivi les cris de Martine. ——————

Je me suis enfin souvenue de ce détail d'une part, consécutivement à toutes mes auditions qui m'ont obligée à me rémémorer dans le détail cette soirée là et d'autre part, parce-que sur le moment, j'avais attribué les cris de Martine au fait que Dany écrasait quelque-chose en manoeuvrant avec sa voiture et que j'avais trouvé bizarre de voir cette voiture repartir ainsi. ——— Aujourd'hui, j'ai parfaitement conscience que ce mouvement de la voiture de Dany et Martine, ce soir là, revêt une tout autre importance que celle que j'avais bien voulu lui attribuer de moi-même à l'époque. Je peux vous dire que ce n'est pas facile pour moi de vous rapporter cela que maintenant car il est vrai que j'aurais dû vous le dire dès le départ de l'enquête. Je ne le pouvais pas à l'époque car, pour une raison que j'ignore, lors de mon audition, cela ne m'est jamais revenu à l'esprit. Je tiens toutefois à vous dire que c'est d'autant plus inexpliquable pour moi que depuis ce drame, à l'occasion de conversations dans ma famille, certains membres m'ont rappelé

LE TEMOIN L'O.P.J.

que le jour de la découverte, quand je les avais prévenus, je leur avais déjà fait allusion au fait que la veille, j'avais entendu Martine « gueuler » après Dany qui pour moi, devait écraser quelque-chose avec sa voiture. Encore aujourd'hui, je n'arrive vraiment pas à comprendre pourquoi je n'ai pas pû le redire aux gendarmes quand ils m'ont entendue ce lundi 05 Septembre 94 sur cette soirée en question. Concernant les membres de ma famille auxquels je fais allusion, il y a en premier lieu mon mari et ensuite, ma soeur Madame LESSASSIER, Colette demeurant à DUNEAU (72) au lieudit « La Dérazerie ». ——

Dans un second temps, il me faut vous expliquer ce qui a motivé l'intervention, auprès de vos services, de mon amie HATTON, Nelly. ——
Je connais Nelly depuis pas mal de temps et nous étions plus ou moins amies ensemble car elle fréquentait Mr LHERMITTE, pompier à THORIGNE SUR DUE comme mon époux Didier. Pour être plus précise, notre amitié s'est renforcée depuis le drame et à chaque occasion, nous nous entr'aidons. ——

Dans le courant et plutôt vers la fin du mois de février dernier, à la demande de Nelly, j'ai gardé à mon domicile, sa fille Charline et la petite Solène LEPRINCE dont elle a la garde. Ce jour-là, dans l'après-midi, au moment du goûter, à la demande des enfants c'est à dire ma fille Linda, Charline et Solène, je leur ai fait des crèpes. Tout en faisant cela, j'ai demandé à Solène où elle allait passer le week-end suivant car bien entendu, je suis au courant qu'elle va et vient chez les différents membres de sa famille depuis le drame. A cette question, Solène m'a répondu « Je vais chez tata Patricia ». Après un petit moment mais quasiment aussitôt, Solène s'est reprise en me disant « Ah non, chez Mamy PRINCE ». Dans la continuité de sa conversation et sans que je lui demande quoi que ce soit de plus, Solène a poursuivi d'elle-même en tenant les propos suivants « Dany est méchant, il a tapé Mamy; Mamy a pleuré; il a fait mal à maman, mal à Yaya et mal à Yéyé mais Yéyé s'est cachée sous le lit ; J'ai fait dodo avec Mamy et Mamy a fait mon bain » . Là dessus, Solène a cessé de me parler et a repris ses jeux avec les deux autres. Je ne lui ai surtout pas demandé quoi que ce soit de plus là dessus, ne voulant pas la perturber. Franchement, je ne sais pas pourquoi Solène m'a dit ça. Moi, je n'avais fait que de lui demander gentiment où elle allait le week-end d'après. Voilà tout ce que je peux vous dire sur les propos de Solène à mon égard. Par la suite, j'en ai fait part à mon amie Nelly qui m'a alors avisée du fait que Solène avait déjà tenu ces mêmes propos avec sa fille Charline. C'est à partir de tout cela que Nelly a estimé nécessaire de le porter à votre connaissance pour l'enquête en cours. ——

Je ne m'explique pas du tout le pourquoi de ces propos de la part de Solène. La seule chose que je peux vous dire c'est que, depuis Noël 1995, au travers de mes différents contacts avec elle, Solène me donne l'impression de réfléchir beaucoup et ce qui est le plus flagrant c'est que maintenant elle évoque relativement souvent son oncle Dany alors qu'avant, elle n'en parlait jamais. A mon niveau, pour l'avoir vérifié dans ses bribes de conversations, Solène a une très bonne mémoire des choses et de leur position. J'ai été amenée à constater cela une première fois le jour où nous sommes passées ensemble devant le domicile de ses parents alors que des gens y étaient occupés à nettoyer après avoir ouvert les volets et fenêtres. En effet, ce jour-là, contrairement à son habitude de me dire que sa mère et ses soeurs dorment à cause des volets fermés, Solène n'a pas manqué de me faire remarquer que c'était ouvert. La deuxième remarque pour moi dans ce domaine est intervenue le jour où, à mon domicile, Solène m'a fait remarquer que mon tracteur-tondeuse était le même que le sien en donnant même ses couleurs. Lui ayant demandé, Solène m'a répondu que son tracteur à elle se trouvait dans le garage à son père. Ce que Solène ne pouvait pas savoir c'est le fait que mon tracteur tondeuse n'était autre que celui de ses parents que mon mari et moi avons acheté par l'intermédiaire de Nelly et des parents LEPRINCE qui y étaient favorables. ——

LE TEMOIN L'O.P.J.

Voilà tout ce que je peux vous dire sur les éléments dont j'ai connaissance concernant cette affaire. ——————————————————————————————

S.I. : Je connaissais bien Christian et Brigitte LEPRINCE et nous avions de bonnes relations entre-nous. Par nos occupations réciproques, nous n'avions pas beaucoup le temps de nous rencontrer à titre amical, c'était plutôt des rencontres furtives sur son lieu de travail à la carrosserie. Pour répondre à votre question, je dois vous dire que nous n'étions pas assez proches les uns des autres pour que je puisse savoir quel était leur façon de faire dans la gestion de leurs finances, tant à titre privé que professionnel. Tout ce que j'en sais, c'est que Christian disait, dans ses derniers moments, qu'il commençait à lever le pied dans son travail en laissant supposer qu'il gagnait bien sa vie ou du mois suffisamment. Il avait des projets d'agrandissement ce qui laissait supposer qu'il avait du travail et des moyens suffisamment importants pour le faire. Sans lui en faire le reproche, ce qui se remarquait en permanence chez Christian, c'est qu'il essayait toujours et le plus possible de faire les choses de façon à ce qu'elles ne lui coûtent pas trop chères. Il était discret mais malgré tout ne cachait pas franchement qu'il se faisait de l'argent de poche en travaillant de temps en temps au noir. Etant voisins, il était facile pour nous de voir , par exemple, que par rapport à la personne qui lui a construit son pignon de maison, c'était plus ou moins à l'amiable et non déclaré. Pour nous, on pouvait comprendre cette façon de faire chez Christian car nous l'avions bien trop vu « galérer » dans les débuts de son entreprise en travaillant jour et nuit et sans aucune vacances. Dans tous les cas, si Christian faisait cela de temps en temps, pour nous, c'était en quelque-sorte une forme de revanche personnelle sur toutes les difficultés qu'il avait pû rencontrer. Malgré tout, ceci ne lui permettait d'améliorer son quotidien que dans une faible importance car, lui et sa femme Brigitte, vivaient tout simplement sans « frimer ». Je ne peux pas vous dire autre-chose sur leurs finances. ——————————

S.I. : Jamais, dans toutes les conversations que nous avons pû avoir ensemble, Christian ne m'a parlé de telle ou telle croyance de sa part vis à vis d'un quelconque phénomène ou d'une quelconque religion. Je ne l'ai jamais su et il ne m'a jamais dit qu'il fréquentait quiconque dans ce domaine tels que magnétiseurs, voyants, toucheurs, etc... Je ne sais pas du tout si c'était son style de croire dans ces phénomèmes surnaturels. La seule chose que je peux dire c'est qu'après le drame, mon mari et moi nous nous sommes souvenus d'une réflexion de sa part , approximativement en Avril 1994. Nous étions tous au garage, lui, sa femme, ses filles et nous deux. A cette époque là, Solène devait juste commencer à marcher et devenait turbulente ou du moins réclamait beaucoup de surveillance. Tout en discutant, Christian ne cessait de la bloquer dans ses élans et à moment donné, nous a dit la chose suivante : « Si ils nous arrivaient quelque-chose, qu'est ce qu'elle deviendrait Solène? ». Sur le moment, mon mari lui avait alors répondu du style « Que veux tu qu'il t'arrives? » ce à quoi Christian, avec un certain pessimisme, lui avait rétorqué « On ne sait jamais ce qui peux arriver! ». ——————————

Ce n'est qu'après le drame que j'ai su qu'il fréquentait des magnétiseurs que je ne connais pas. Personnellement, de temps en temps, je consulte une voyante Mme GISELE de SAINT CORNEILLE (72). J'ai dû aller chez cette personne deux ou trois fois depuis que je la connais c'est à dire, depuis janvier 1994. Jusqu'à cette époque, je ne m'étais jamais intéressée à ces gens là mais c'est le fait que mon époux voulait changer subitement de travail qui m'y a poussé. Sans pouvoir vous expliquer pourquoi, à mon niveau je suis plus ou moins obligée de croire dans les pouvoirs de cette dame car ce qu'elle m'avait prédit s'est réalisé et pratiquement dans les périodes qu'elle m'avait précisées. Elle avait vu une séparation dans ma famille et cela s'est réalisé quelques jours plus tard au travers du départ du domicile conjugal d'une de mes soeurs. Il y a eu aussi un décès d'un membre de ma famille et pour terminer le terrible drame objet de cette

LE TEMOIN — L'O.P.J.

enquête. En effet, en ce début 94, cette dame m'avait parlé d'un couple de commerçants dans mon entourage qui allait disparaitre et que je verrais beaucoup de gendarmes. Je dois ajouter que je crois un peu en cela mais je ne suis pas omnibulée par ces phénomènes. Mon mari a dû venir une fois ou deux avec moi chez cette Madame GISELE. Je me souviens qu'après le drame, mon amie Nelly est venue une fois avec moi pour consulter cette voyante car la vie était devenue pénible pour elle, plus ou moins en rapport avec le problème de Solène et aussi du fait de sa séparation d'avec son concubin de l'époque, Mr LHERMITTE, Bernard. En effet, ce dernier, après un concubinage de deux ans, n'a pas été trop régulier avec elle en partant « re-vivre » avec son épouse. ——————————————————————

Je me souviens qu'à l'époque où Nelly traversait cette douloureuse période, j'ai été contrainte de lui demander d'arrêter de consulter un si grand nombre de voyants ou magnétiseurs car cela la déstabilisait. Elle ne voyait ou ne croyait plus qu'en cela. A mon avis, elle a dû en consulter trois ou quatre. Je suis incapable de vous dire chez qui elle allait exactement mais elle a dû en consulter à ECOMMOY, à JUPILLES et à SILLE LE GUILLAUME, là où Christian était allé. Moi, je ne suis allée avec elle que chez Mme GISELE. ——————————————————————

S.I. : A un moment donné, je sais que Nelly a eu envie de rencontrer ou consulter Mr CABARET de DEHAULT le magnétiseur de Christian mais à mon avis, cela n'a pas dû se faire pour deux raisons. D'une part j'avais dissuadé Nelly de le faire et d'autre part, elle de son côté, avait plus ou moins peur de cette personne par rapport à ce que lui en avait dit Christian. Nelly a toujours été convaincue que ce Mr CABARET a fait du mal à Christian en lui extorquant beaucoup d'argent. De plus, ce Mr CABARET était beaucoup trop proche de Mr et Mme BRU de LA FERTE BERNARD qui se trouvent à être la belle famille de Christian et concernés pour le devenir de la petite Solène. ——————————————————————

Le 27 Mars 1996 à 19 heures 45, ——————————————————————

Lecture faite par moi de la déclaration ci-dessus, j'y persiste et n'ai rien à y changer, à y ajouter ou à y retrancher. ——————————————————————

LE TEMOIN **L'O.P.J.**

Claudette Froger et Nelly Hatton sont devenues des copines inséparables depuis le drame. Leur amitié s'est scellée dans et autour de la tragédie. Bien qu'elles s'en défendent, elles sont à fond dedans. Elles sont aussi certainement très perturbées, ce qui peut se comprendre. Ensemble, elles promènent la petite Solène, à son écoute, surveillant ses moindres gestes.

Pourtant, le 13 octobre, de son pavillon de la rue des Capucines, à l'entrée de Thorigné, la nounou confie fièrement à la presse que Solène se porte à merveille, que depuis qu'elle est chez elle la fillette n'a jamais réclamé ses parents, qu'elle ne fait aucun cauchemar, qu'elle ne parle jamais du drame, que ses gribouillages n'évoquent rien de sanglant, qu'en l'espace de quelques jours elle s'est mise à parler. En revanche, elle affiche son inquiétude de perdre Solène, car la famille de sa pauvre maman s'est manifestée pour la récupérer.

Notre nounou, Nelly Hatton, affiche avec sa nouvelle copine Froger un goût prononcé pour les interviews, qui s'étalent dans la presse. C'est vrai qu'elles sont extrêmement sollicitées.

À partir de ce moment-là, elles semblent être installées dans l'actualité comme dans l'instruction, entre le bureau de la juge et les appels aux gendarmes. Et Solène va devenir un véritable centre d'intérêt qui va peser lourd dans cette affaire. En effet, brusquement, elle va parler, faire des gestes évocateurs du drame.

Nous entrons dans l'année 1996. Nelly Hatton change radicalement de cap par rapport à ses premières déclarations. Elle avait suggéré que la petite n'était peut-être pas sur les lieux vu son état de propreté ? Solène va y entrer finalement complètement puisqu'elle a certainement tout vu ! Alors qu'elle remarque bien Renée Leprince hurlant sous le poids de la douleur à la découverte de l'horreur, Mme Hatton introduit l'idée qu'elle est peut-être au courant du drame depuis la veille. Elle avait dénoncé le comportement étrange de Martine Leprince ? Elle découvre qu'en réalité elle est une « gentille mamy » – c'est ainsi que, paraît-il, la gamine appelait Martine.

Comment le sait-elle ? Elle va enfin faire parler Solène, dont la mémoire va pour ainsi dire exploser ! Elle lui place une photo de Dany bien sous le nez. Au bout d'un moment la petite va donner un coup de poing sur « la pièce à conviction » posée sur la table, s'écriant : « Dany méchant, frapper maman, Yaya, Yéyé ! » – surnoms de ses sœurs. Selon Nelly Hatton, Solène est souvent prostrée dans des attitudes étranges, par exemple elle se couche en chien de fusil par terre. Mais c'est la position du corps de sa mère ! Elle se souvient que « Dany frapper mamy ». Cela se traduira par l'explication formelle du bleu sur le nez de Martine.

Une remarque à ce propos : Dany, qui n'est jamais là, qui rentre tous les soirs des champs à la nuit tombée, qui devance potron-minet pour prendre son quart à l'usine, connaît à peine Solène. Mais vraiment à peine. Elle, avec son rythme de bébé, entre sa maison et celle de sa nourrice, n'a en effet guère de chance de rencontrer son oncle. Il se lève pour aller bosser, elle dort. Il rentre le soir, elle est déjà couchée. Et il n'est pas besoin de lire l'intégralité du dossier, ligne par ligne comme nous l'avons fait, pour être imprégné de cette évidence. Il ne s'occupe même pas de ses propres filles ! Alors comment Solène peut-elle le reconnaître sur photo, presque deux ans après les faits ?

La nounou place une photo de Martine devant Solène : la petite met sa joue sur elle en disant : « Gentille mamy, donné bain... » Alors que Martine dit elle-même que Solène la « connaît à peine », comment la petite peut-elle la reconnaître sur photo ?

Très intrigué par la réaction de l'enfant, j'ai tenté une petite expérience avec mon propre petit-fils, de l'âge de Solène à l'époque. Je lui ai montré une coupure de presse où Johnny Hallyday était en photo. Pas de réaction, normal. Je me suis alors mis à marteler la photo du poing en scandant : « Gentil, pas méchant. » Une fois, deux fois, trois fois. J'ai replacé Johnny devant lui, et il a tapé du poing en riant, répétant : « Gentil, pas méchant. »

Vous avez des petits-enfants ? Tentez l'expérience, elle vaut ce qu'elle vaut.

Tout aussi brutalement, la petite Solène va se mettre à dessiner plein de petits « bonshommes têtards » gribouillés de rouge. Claudette Froger, qui a récupéré la tondeuse à gazon de Christian Leprince, est aussi enthousiaste qu'épatée lorsque, selon elle, un an et demi après l'horreur, la petite reconnaît l'engin et surtout sa couleur rouge !

Charline Moireau, dix ans, fille Hatton, qui joue avec Solène, signale que sa petite copine s'est mise à laver frénétiquement les pieds de sa poupée. Ce qui doit certainement signifier quelque chose !

Dans un article de presse où elle est fièrement en portrait, la nounou explique qu'elle emmène régulièrement Solène sur la tombe de sa famille massacrée. Pour faciliter le retour de mémoire d'une fillette d'à peine quatre ans ? Que pouvait-elle dire à cette pauvre gosse ? Comme Martine, elle fait aussi parler la pauvre Brigitte. Rien de plus aisé lorsqu'on ne peut plus être contredit. « Elle a dit ça », « elle pensait que... » En fait, dans tout le dossier, rien ne vient corroborer « sa grande amitié » avec elle. Elle lui confiait Solène parce qu'elle n'avait qu'elle sous la main. Point. De l'avis même de la famille de Brigitte.

Cela vaut à ces dames un record d'auditions. Elles sont en pleins feux de la rampe. Dans le cabinet de Céline Brunetière, tout est rigoureusement collationné. Le dossier prend une autre consistance, un nouveau dynamisme, une nouvelle mécanique avec les témoignages de Claudette Froger et de Nelly Hatton, qui mettent la petite en première ligne.

Sans le savoir, Solène est installée dans le fauteuil du témoin oculaire. La juge confie une expertise de la petite au Dr Liliane Daligand, qui conclut à la totale crédibilité de la gamine. Mais elle va encore plus loin. Solène aurait pu assister aux meurtres de ses parents. Elle aurait peut-être même passé la nuit à côté des corps et s'en souviendrait parfaitement. À l'appui : un entretien en préambule avec Nelly Hatton, les dessins de bonshommes barbouillés, un autre représentant l'intérieur d'une maison où elle semble se positionner dans une pièce. Bien sûr, nous retrouvons des propos tels que « Dany méchant, frapper maman, moi cachée dans grenier. »

Admettons que la petite se soit retrouvée dans le grenier, comment aurait-elle vu les assassins tuer sa mère ? De plus, si les tueurs l'avaient vue, pourquoi l'aurait-il épargnée ?

L'hypothèse que ses pieds sont alors maculés de sang, inspirée par le fait qu'elle a frotté ceux de sa poupée, devient une évidence, une certitude pour la juge comme pour ledit expert. Sauf que si la petite a les pieds pleins de sang, comment se fait-il que l'on n'en retrouve pas une trace, même infime, ni dans sa chambre ni dans son lit ? Et si elle a passé toute la nuit auprès des cadavres, dans quel état physique et moral doit-on la retrouver au petit matin ?

Nous savons que la porte d'entrée est restée ouverte ; une nuit d'épouvante, c'est long : ne se serait-elle pas enfuie à un moment donné ? Pour courir vers ses petites cousines à portée de voix, par exemple ?

Cette « vérité judiciaire », interprétée de cette façon, est renversante tellement elle est contredite par des éléments incontournables.

Ces contorsions engluent toute approche des réalités, des éléments probants qui pourtant ne manquent pas dans le dossier.

Ces péripéties vont nous mener jusqu'à cette fameuse année 1996 où la juge, peut-être pas encore très sûre de son dossier, va mener une perquisition très minutieuse des lieux du massacre. Soit près de deux ans après les faits. Sans résultat, excepté la découverte de traces de sang appartenant à Sandra et à Audrey dans l'escalier d'accès aux combles. La juge pense qu'un assassin s'y planquait, feuille de boucher sanguinolente à la main.

Pour ma part, je crois que le monstre est monté dans les combles pour tenter de retrouver la petite Solène. Je n'ai vu aucune trace dans la procédure de recherches dans lesdites combles.

Bien entendu, la juge reconvoque Dany, le confronte. Il clame son innocence, mais sa parole ne vaut pas tripette.

Le 18 avril 1996, Céline Brunetière auditionne Solène, qui a à peine quatre ans, avec la seule assistance de sa greffière, pendant que Nelly Hatton patiente dans la salle d'attente.

PROCÈS-VERBAL DE MENTION CONCERNANT SOLÈNE LEPRINCE

D50S
91

COUR D' APPEL D'ANGERS

RIBUNAL DE GRANDE INSTANCE
DE LE MANS

CABINET DE Céline BRUNETIERE,
Juge d'instruction

DOSSIER N° 94/075

PROCES VERBAL DE MENTION

Le 18 Avril 1996 à 16 Heures 31,

Nous **Céline BRUNETIERE**,,

Juge d'instruction au Tribunal de Grande Instance DE LE MANS,

Etant en notre cabinet,

Assistée de **Dominique MEILLANT**, Greffier,

Vu la procédure suivie contre LEPRINCE Dany

Mentionnons que nous nous sommes trouvés en présence de l'enfant **Solène LEPRINCE**, née le 14 JUILLET 1992 ; que compte tenu de son âge, nous relatons sous forme de procès verbal de mention les propos tenus par l'enfant, hors la présence de sa nourrice Mme HATTON Nelly. Entre 14 heures 45 et 16 heures 15, tout en jouant avec Solène, nous avons recueilli les propos suivants qui faisaient réponse aux questions que nous lui posions.
Nous nous sommes assurés que l'enfant était en mesure de s'exprimer correctement et de nommer ce qu'elle voyait. Pour cela nous nous sommes aidés d'un jeu représentant des animaux ou des objets. Solène nous a correctement nommé en les désignant un cochon, un mouton, un canard, une brosse, un évier etc...
Nous lui avons ensuite montré une série de photographies représentant certains membres de sa famille (scellé n° 10 et n°13). Solène nous a alors désigné sans se tromper "Maman Brigitte, Papa Christian, Sandra, Audrey, Papy Robert, Dany, tata Jojo, le toutou.". Nous aidant de clichés photographiques reproduits dans les éditions de PARIS MATCH et de V.S.D., parus au cours de la seconde quinzaine du mois de SEPTEMBRE 1994 nous avons constaté que Solène désignait sans se tromper Dany, Papy Robert et Mamy PRINCE. Lui montrant à la fois des photographies issues des scellés et de ces deux revues, représentant Martine LEPRINCE nous avons constaté que Solène la désignait en l'appelant "Mamy". Solène nous a dit qu'elle avait deux mamies : Mamy PRINCE et Mamy PAPILLON et elle a successive-ment nommé Martine LEPRINCE comme étant "Mamy PRINCE" et "Mamy PAPILLON". Lui montrant à nouveau les photographies représentant Martine LEPRINCE et en lui demandant de dire où était Martine, Solène nous a cette fois, désigné Martine LEPRINCE.

Lorsque Solène a désigné Dany, elle a spontanément ajouté qu'il était en "prison". Lui demandant de dire pourquoi il y était, Solène a répondu que c'est parce qu'il avait "fait bobo à Papa et Maman". En disant cela, elle a refait spontanément le geste qu'elle avait déjà fait devant nous le 24 MARS 1995 (le poing fermé et la main qui s'abat violemment). Répondant à notre question Solène nous a dit qu'elle avait vu Dany faire bobo à papa et à maman. Lui demandant s'il avait quelque chose dans sa main quand il avait "fait bobo", Solène nous a dit qu'il avait une "piqûre". Elle nous a dit que Dany avait fait la bagarre avec Christian, qu'il était "méchant" et faché et qu'elle ne savait pas pourquoi. Elle nous a dit que Maman Brigitte était là et que, elle, Solène, était dans sa chambre. Elle nous a dit que Martine n'était pas là, que c'est aussi Dany qui avait fait "bobo à Yaya", que Martine n'avait pas fait bobo et que Dany n'avait pas fait bobo à Solène.
Répondant à nos questions, Solène nous a dit que le soir où Dany avait fait bobo à Papa et Maman, Martine lui avait donné un bain, qu'elle avait donné ce bain dans la salle de bain de Martine, dans la baignoire. Demandant à Solène si elle était sale, celle-ci nous a dit oui. Nous lui avons fait préciser où elle était sale et Solène nous a dit qu'elle avait les pieds sales seulement. Nous lui avons demandé de quelle couleur était la saleté sur les pieds et Solène nous a répondu "rouge". Elle a spontanément dit en le montrant, que c'était la même couleur que le bonbon qu'elle était en train de manger au moment où elle nous répondait et qui était une gomme de couleur rouge. Elle nous a dit que Martine avait changé sa couche, qu'elle n'avait pas de chaussures mais qu'elle avait un pyjama. Lui pré-sentant une poupée et lui demandant de faire comme Martine avait fait pour lui laver les pieds, Solène a frotté fortement les pieds de la poupée.
ELle a d'elle-même ensuite dit qu'elle était allée en voiture avec Martine, que celle-ci conduisait la voiture et qu'elles étaient toutes les deux. Elle nous a dit qu'elle ne savait pas où elles étaient allées.
Solène nous a dit qu'elle avait déjà raconté qu'elle avait pris ce bain à Charline alors qu'elles jouaient à laver des barbies.
Elle nous a dit que Charline était sa soeur.
Répondant à notre question Solène nous a dit qu'elle avait fait dodo avec Martine dans la chambre d'Audrey, dans "le grand lit", faisant spontanément en même temps un geste avec les deux bras pour montrer la grandeur du lit.
Lecture faite, nous signons le présent procès verbal avec notre greffier.

Patricia, la sœur de Brigitte, est tutrice de la petite. Elle n'est ni informée ni convoquée.

Ce P-V hasardeux ne méritait-il pas d'autres précautions ? La présence d'au moins une personne spécialisée ? Parce que ces paroles rapportées vont peser lourd, très lourd...

Le combat de Nelly

Nelly Hatton est entrée en guerre ouverte avec la famille de Brigitte. Elle les désigne péjorativement comme « les biologiques ». Elle revendique un authentique amour maternel et refuse obstinément de rendre Solène. Elle s'entoure d'un comité de soutien qui exprime sa virulence par des tracts à répétition, distribués dans les boîtes aux lettres, style « à suivre ». Elle fait appel à la presse, tricote un véritable merdier médiatique qui va aller jusqu'à affoler la justice. Certaines mauvaises langues susurrent que si elle s'est montrée « si attentive et si dévouée » à la cause judiciaire, c'est peut-être parce qu'elle nourrissait le secret espoir d'être récompensée en obtenant la garde de Solène.

Et il faut bien le dire : une garde mensualisée sur des années, jusqu'à majorité de l'enfant, cela représente une source aussi importante que des points de retraite. Même si Nelly Hatton n'est pas intéressée, elle ne fait pas dans le bénévolat, elle encaisse bien ses mensualités pour la garde de la petite. Mais son acharnement, son remue-ménage, cette propagande orchestrée précipitent la décision de garde concernant Solène, qui se voit confiée définitivement à Patricia, sa tante maternelle, le 26 juin 1996. Dans l'après-midi, forte de l'arrêt judiciaire, la tatie Patricia attend à la brigade de Connerré que les gendarmes lui ramènent sa petite nièce. En vain. Ce ne sera que le lendemain qu'elle retrouvera l'enfant, conduite par un éducateur. La veille, Nelly a reçu les gendarmes entourée par son comité, haranguant les journalistes qu'elle a invités. La petite est absente, cachée chez des amis, selon elle.

Dans ce contexte, elle prend Solène en otage, ce que constate dans son arrêt la juge en charge.

Le lendemain, Nelly la rend, se pliant à une décision de justice : « Considérons que Solène est en danger chez sa nourrice, qu'elle est devenue un enjeu porté sous le feu des médias. »

Et pourtant, Nelly a tout fait pour qu'on ne lui retire pas la garde de Solène. Le 5 septembre 1994, racontant sa terrible découverte, elle affirme que Martine semble ne pas être au courant du drame, que celle-ci jalousait férocement Brigitte et que la petite Solène, qui ne sait dire que « papa » et

« maman », lui a été remise, propre et pas traumatisée, par le Dr Bouzard.

Le 8 septembre 1994, elle met en évidence l'insensibilité de Martine à l'égard du drame et de sa nièce rescapée.

Le 23 septembre 1994, elle dit avoir été contactée téléphoniquement par Martine le 7, qui s'inquiétait de savoir si la petite avait parlé mais elle a oublié de demander de ses nouvelles. La nounou en est choquée.

Le 24 mars 1995, après des auditions où elle confirme ses précédentes dépositions, Nelly Hatton, dans une interview, révèle que Solène a fait d'énormes progrès avec elle.

Le 9 septembre 1995, elle résume bien la situation et sa position vis-à-vis de la famille maternelle de Solène, en particulier de Patricia, la sœur de la pauvre Brigitte, qu'elle traite fort péjorativement. Elle fait parler Brigitte comme elle le fait pour Christian, qui lui aurait dit : « S'il nous arrivait quelque chose, je veux que tu gardes Solène... » Comme investie d'un devoir de mémoire. Mais le 26 juin 1996, nous l'avons vu, la petite lui est retirée, définitivement.

PROCÉDURE SUR COMMISSION ROGATOIRE PROCÈS-VERBAL D'AUDITION DE TÉMOIN

L'an mil neuf cent quatre-vingt-quatorze, le vingt-trois septembre.

/.../

Je me nomme Nelly HATTON, divorcée MOIREAU. Je suis née le 26 décembre 1952 /.../

Je suis la nourrice de la petite Solène LEPRINCE.

Depuis le jour du drame, j'ai toujours eu la garde de Solène. C'est le Docteur BOUZARD qui me l'a confiée car il savait que je la gardais.

En ce qui concerne la famille LEPRINCE, le samedi 10 septembre 1994, Alain m'a téléphoné pour savoir s'il pouvait venir voir Solène. Il est venu le jour même. Il était visiblement choqué et avait besoin de se confier et de parler. Il avait acheté deux plaques pour mettre sur la tombe de son frère, de Brigitte et de ses deux nièces. Il m'a demandé si je voulais bien les garder chez moi avant l'enterrement car il avait peur que sa mère soit choquée en les voyant. Une des plaques était destinée à Sandra et Audrey et l'autre à Christian et Brigitte. Il est revenu à plusieurs reprises jouer avec la petite ; il lui a offert une peluche. Le jour de l'enterrement, les parents LEPRINCE ont demandé s'ils pouvaient déjeuner chez moi car ils étaient seuls. La grand-mère LEPRINCE est revenue à la maison, il y a deux jours avec Alain pour voir la petite et entre-temps, elle a téléphoné deux fois.

Le mercredi 07 septembre 1994, à 17 heures, j'ai reçu un appel téléphonique de Martine LEPRINCE. C'était la première fois qu'elle appelait depuis le drame. Elle m'a demandé si je pensais que la petite avait vu ou entendu quelque chose. Je lui ai répondu que de toute façon, sans ses lunettes, elle ne voyait pas, et qu'elle ne parle pas. J'ai même ajouté que si un jour, la gamine retournait dans la maison de ses parents, elle pourrait avoir une réaction ou un déclic quelconque mais je ne souhaitais pas qu'elle y retourne. Martine a rétorqué : « De toute façon, il faudra bien qu'elle y retourne un jour. » Là-dessus, elle m'a dit : « Il faut que je te laisse car je dois aller soigner mes cochons. » Elle a raccroché. J'ai été surprise de son comportement car elle ne m'a pas demandé de nouvelles de Solène et n'a eu aucune parole affective à son égard. Il n'y avait aucune émotion dans sa voix, elle m'a parlé comme d'habitude.

Depuis, je n'ai plus aucune nouvelle de Martine.

/.../

Le lundi 05 septembre 1994, je me suis rendue sur les lieux du drame pour récupérer les lunettes de Solène car celles qui m'avaient été remises par un gendarme n'étaient pas les siennes. J'ai été choquée de voir Martine parler aux journalistes en arborant un grand sourire. Elle semblait très à l'aise. Elle s'est adressée à moi en disant : « Quand je pense qu'on s'entendait si bien. » Je ne lui ai pas répondu car j'aurais pu devenir très agressive sachant pertinemment par Christian et par Brigitte qu'il y avait des problèmes de famille. C'est la présence des journalistes qui a motivé ma retenue.

Depuis plusieurs jours, je me pose une question. Je sais par Christian et Brigitte que Solène se levait tôt le matin, et allait rejoindre ses parents dans leur chambre ou manger toute seule dans la cuisine. Elle se servait des chocos ou des friandises de ce genre. Je me demande pourquoi, le jour du drame, Solène a été retrouvée dans sa chambre. Normalement, à l'heure où elle a été découverte, il y a longtemps qu'elle aurait dû en être sortie. Elle n'avait aucune trace de sang sur elle ; elle était propre. Si elle s'était déplacée dans la maison, elle aurait au moins eu du sang sur les pieds du fait qu'elle n'avait pas de chaussons lorsqu'elle m'a été remise. C'est une gamine qui a des problèmes de sommeil. Brigitte l'a soignée par cures, avec du Nopron et un autre médicament. Je me demande si la gamine n'a pas été droguée car elle a fait une véritable cure de sommeil pendant les deux premiers jours où je l'ai récupérée.

D'habitude, il faut la recoucher une bonne dizaine de fois avant qu'elle ne s'endorme. Maintenant, elle a repris un rythme de vie normal et actuellement je constate que ses parents disaient vrai.

Dans le courant de la journée du lundi 5 septembre 1994, j'ai remarqué des larmes sur le visage de Solène mais elle n'avait pas de sanglots. Il m'a semblé qu'elle était « lessivée ».

*
**

PROCÈS-VERBAL DE NELLY HATTON DU 9 SEPTEMBRE 1995

[G]ENDARMERIE NATIONALE

[GR]OUPEMENT DE LA SARTHE
[BR]IGADE DE RECHERCHES DU MANS
LE MANS-CAVAIGNAC
N° 618/95 BT CONNERRE

PROCEDURE
SUR COMMISSION-ROGATOIRE

PROCES-VERBAL D'AUDITION
DE TEMOIN

CADRE RESERVE AU DESTINATAIRE

B64
N° PIECE 54 / N° FEUILLET 1

ANALYSE ET REFERENCES:

MIS(ES) EN EXAMEN: LEPRINCE, Dany.
C.F Voir P.V de synthèse-

VICTIME(s): LEPRINCE, Christian et consorts.

L'an mil neuf cent quatre vingt quinze, le Neuf Septembre à Seize heures trente.

[N]ous soussigné SIMON, Emile Adjudant-Chef, à la Brigade des Recherches du MANS, (Sarthe) [O]fficier de Police Judiciaire.

[V]u les articles, 16 et 151 à 155 du Code de Procédure Pénale, [R]apportons les opérations suivantes , que nous avons effectuées en éxécution de la commission [r]ogatoire désignée ci-après.

RENSEIGNEMENTS SUR LA DELEGATION:

Date: 14 / 04 / 1995 Numéro: 94/075

Nom et fonction du magistrat mandant: Madame BRUNETIERE, Céline Juge d'Instruction au Tribunal de Grande Instance du MANS (Sarthe)

Information ouverte contre: LEPRINCE, Dany.

Mis en examen du chef de: Meurtres concommitants avec un autre crime et sur mineures de quinze (15 ans)

Mission: VOIR COMMISSION ROGATOIRE JOINTE.

Nous trouvant à La Brigade de Gendarmerie de LE MANS-RECHERCHES (72).
Faisons comparaître devant nous à 16 heures 30 le témoin ci-après et lui donnons connaissance des faits pour lesquels sa déposition est requise.
Après avoir prêté serment de dire toute la vérité, rien que la vérité, le témoin, entendu séparément et hors la présence du mis en examen, dépose ainsi qu'il suit:
"""""" Je me nomme H A T T O N, Nelly divorcée MOIREAU. Je suis née le 26 Décembre 1952 à SAINT MICHEL DE CHAVAIGNES (72). Je suis fille de Albert et de CLEMENT, Yvette. j'ai cinq enfants. J'exerce la profession d'assistante maternelle et je suis domiciliée 8 rue des Capucines à THORIGNE SUR DUE, (72), mon numéro de téléphone est le 43.89.95.70.
"""""" Je suis la nourrice de la petite Solène, soeur de Sandra et Aurey et fille de Christian et Brigitte LEPRINCE, victimes.
"""""" J'ai déjà été entendue dans le cadre d'enquêtes concernant cette affaire, et je suis prête à vous apporter mon témoignage.
"""""" Je suis domiciliée à THORIGNE SUR DUE depuis une vingtaine d'années. Je connais les membres de la famille LEPRINCE depuis plus de dix ans et plus particulièrement Christian et Brigitte. Toutefois je connais également le couple Dany et Martine LEPRINCE.

La personne entendue — L'Officier de Police Judiciaire

Hatton

"""""" En fait, je suis devenue plus intime avec le couple Christian et Brigitte du fait que j'ai pris leurs enfants en garde en Juillet 1989, suite au départ sur ARNAGE des époux POIRIER dont la dame assurait préalablement cette fonction. Il m'était déjà arrivée de prendre les enfants LEPRINCE en nourrice pour assurer en quelque sorte l'intérim des vacances. Au fil du temps, nous sommes devenus pratiquement des amis. En règle générale, c'était Christian qui m'amenait les enfants le matin. A chaque fois, nous prenions le café ensemble et c'est là que nous discutions de divers problèmes. Christian était un homme très ouvert, à la conversation facile et d'une grande disponibilité, toujours prêt à rendre service. Dany au contraire est un homme qui parle peu, très sournois, ayant le regard fuyant ne donnant jamais un avis net et clair sur un sujet quelconque que ce soit en paroles ou dans ses écrits. En effet depuis son incarcération, il m'a écrit à plusieurs reprises mais jamais en me répondant clairement aux questions posées.

"""""" Contrairement à ce que les gens pouvaient penser, je sais que le couple Dany Martine était jaloux de Christian et Brigitte. Cette jalousie était beaucoup plus ancrée chez Martine tout du moins, plus visible chez cette dernière que sur son mari. Cet état de fait remonte à l'amélioration de la maison d'habitation de Christian qui s'est concrètisée voici maintenant à peu près quatre ans, par la construction d'une aile dans laquelle ils ont aménagé un bureau. Les réflexions de Martine sont devenues plus insinueuses lorsque Christian et son épouse ont aménagé les combles de leur maison en y faisant notamment deux chambres ayant eu pour conséquence l'ouverture de trois vélux donnant le devant de la maison de Dany et Martine LEPRINCE. A cet égard, un jour où je me trouvais sur le parking de l'école primauire de THORIGNE, Martine m'a demandé de dire à Christian et Brigitte qu'il fallait qu'ils fassent quelque chose à leur vélux, car le soir, le soleil qui se réflètait dans les vitres, la gênait et ceci dit sur un ton d'agressivité pas possible. N'étant pas d'un naturel à me laisser impressionner, je lui ai répondu d'aller faire ses commissions elle-même et que ce n'était pas mon problème. Dans sa colère, elle a persisté méchamment en précisant qu'il faudrait bien faire quelque chose, sinon elle s'en chargerait. J'en avais fait part à Christian et Brigitte qui m'ont indiqué une dizaine de jours plus tard que Martine était venue se plaindre au sujet de ces vélux. --

"""""" C'est à partir de cette époque que j'ai constaté un changement radical de sa personne tant physiquement que sur sa tenue vestimentaire. En effet, j'ai connu l'époque où Martine mettait un point d'honneur à être soignée et très propre sur elle lorsqu'elle venait notamment chercher ses filles à l'école, alors que dans les deux dernières années, elle se laissait aller, venant à l'école en bottes et cote sales, et sentant mauvais. Je ne connais pas les causes réelles de cette métamorphose mais visiblement, elle devait connaître des difficultés soit au niveau familial ou au niveau professionnel. Dany tout comme Martine étaient des personnes travailleuses ne partant jamais en vacances, ne connaissant pour ainsi dire pas le repos et malgré tous leurs efforts, ils avaient des difficultés financières, Christian et Brigitte m'ayant confié qu'ils leur devaient de l'argent à savoir un prêt de 20.000 francs et l'achat d'une ford sierra qui ne leur avait jamais été règlé. -----------

"""""" S'il est vrai que j'ai entendu Martine porter des critiques à l'égard de Christian et Brigitte, je n'ai jamais entendu Christian émettre la moindre critique sur son frère Dany sur lequel il disait toujours: " il subit sa femme " et il se contentait de cette formule. Par contre, il est vrai que Brigitte avait moins d'égard envers Dany et sa femme . Ce qui la vexait, c'est que malgré le fait qu'ils les aidaient en leur prêtant de l'argent et en leur rendant des services lorsque Dany avait besoin de réparations sur son tracteur, Martine n'arrêtait pas de leur faire des réflexions pour le moins désagréables. ---------------------------------

"""""" A mon avis, ce qui a exacerbé encore davantage la jalousie de Martine, est le fait par lequel Christian avait offert à Brigitte une Triumph décapotable à l'occasion de l'anniversaire de cette dernière au mois de Mai 1994 me semble-t-il. Visiblement, Martine en a été très jalouse et n'hésitait pas d'appeler Brigitte " La Princesse " lorsqu'elle était amenée à parler d'elle. Pour moi, Martine éprouvait à leur égard une certaine forme de jalousie maladive. ----------------------

La personne entendue | L'Officier de Police Judiciaire

Hatton

"""""" Malgré que Martine était souvent " chien et chat " avec Christian et Brigitte, elle leur rendait de grands services tels que: conduite à l'école de Sandra et Audrey, le soir idem pour le retour. En outre, lorsque le couple LEPRINCE Christian partait en vacances, il confiait leur clé à Martine, qui soignait les animaux domestiques. --
"""""" J'ai aussi perçu un net changement dans le comportement de Christian à partir des mois d'Avril et Mai 1994 et d'une manière plus sensible au mois de Mai. Il était devenu soucieux, pensif et me disait qu'il ne dormait plus la nuit. Un jour il m'a glissé dans une conversation à huit heures le matin: " s'il nous arrivait quelque chose, est-ce que tu me garderais Pupuce mignonne qui est Solène ne voulant pas qu'elle soit placée à la D.I.S.S.. Ne comprenant pas bien ses propos, je lui ai demandé de me préciser ce qu'il voulait me dire par là. Il s'est repris en me disant: " on ne sait jamais, en cas d'accident " , ce à quoi, je lui ai répondu : " tu as deux autres filles, pourquoi Solène resterait seule " et là, il m'a dit: " ah oui, c'est vrai, je suis bête ". Jusqu'au 12 Août 1994 au matin, j'ai eu droit à ce genre de propos au moins cinq à six fois. Le 12 Août 1994, il a tenu ce même langage à ma fille Angèlique se demandant toujours si j'étais prête d'assumer la garde de Solène et de ne pas la laisser partir. Ma fille qui est en Faculté a voulu en savoir un peu plus, lui demandant qui lui avait mis ses idées morbides en tête, pensant à un extra lucide mais il ne lui a pas répondu. -------
""""""" Depuis les faits, j'ai en charge la petite Solène, suite à une décision provisoire du Tribunal de Saint Calais, dossier suivi dans un premier temps par Madame GAILLE-LEFEVRE puis transmis à la Cité Judiciaire du MANS, et celà jusqu'au mois de Janvier 1996 où une décision définitive devrait être arrêtée, à savoir que l'enfant est susceptible d'être confié à Madame BRU, née PAPILLON Patricia, soeur de Brigitte. Il ne va sans dire que si cette hypothèse devient réalité, je ne partage pas et loin s'en faut cette vision de la justice qui selon toute vraisemblance veut privilégiée la famille biologique au bien être de l'enfant pour laquelle j'ai réussi jusqu'à ce jour à la préserver des effets néfastes de cette affaire.
"""""" Pour me résumer, il ne fait aucun doute que Martine nourrissait une jalousie maladive à l'encontre de Christian et Brigitte envers lesquels, elle était pour le moins envieuse. Bien que ne voulant pas rentrer dans le détail de l'affaire proprement dite, j'ai toujours en mémoire, les paroles de Martine lorsque je suis arrivée me demandant: " où est la petite ? " comme si, elle savait qu' il restait que la petite Solène , ma récation verbale fut assez sèche en lui faisant remarquer qu'il y avait trois enfants dans cette maison. --
A LE MANS, le neuf Septembre mil neuf cent quatre vingt quinze, à 20 heures 00 . -
"""Lecture faite par moi des renseignements d'état-civil et de la déclaration ci-dessus, j'y persiste et n'ai rien à y changer, à y ajouter, ou à y retrancher. .

La personne entendue — L'Officier de Police Judiciaire

Hatton

PROCÈS-VERBAL
DE NELLY HATTON DU 24 MARS 1995

COUR D' APPEL D'ANGERS

IBUNAL DE GRANDE INSTANCE
DE LE MANS

CABINET DE Céline BRUNETIERE
Juge d'Instruction

DOSSIER N° 94/075

0362
07

PROCES-VERBAL DE DEPOSITION DE TEMOIN

Le 24 Mars 1995 à 09 Heures 34,

Devant Nous, **Céline BRUNETIERE**, Juge d'Instruction au Tribunal de Grande Instance DE LE MANS,

Assistée de **Dominique MEILLANT**, Greffier,

Etant en notre Cabinet au Palais de Justice ;

Instruisant sur les faits reprochés à **Dany LEPRINCE** mis en examen du chef de : MEURTRES concomittant avec d'autres crimes et sur mineures de 15 ans

A comparu, séparément et hors de la présence de la personne mise en examen, le témoin ci-après nommé, lequel nous a remis l'avertissement qui le convoque.

Nous lui avons demandé ses nom, prénoms, âge, état, profession, demeure, s'il est parent ou allié des parties et à quel degré, ou s'il est à leur service.

Le témoin a répondu : Je me nomme **HATTON Nelly**
née le 26 DECEMBRE 1952 à SAINT MICHEL DE CHAVAIGNES (72)
Assistante maternelle
dmt 8 rue des Capucines - THORIGNE SUR DUE (72160)

Je ne suis ni parente, ni alliée des parties, ni à leur service.

Après lui avoir fait prêter serment de dire toute la vérité, rien que la vérité, nous avons reçu sa déposition.

S.I. J'ai la garde de Solène depuis le décès de ses parents et elle vit donc chez moi. J'ai tenu à vous rencontrer aujourd'hui pour vous faire part de ce qui s'est passé hier matin. Cela faisait longtemps que j'avais dans mon idée de montrer une photo de Dany LEPRINCE à Solène. Jusque là je ne l'avais pas fait, parce que je ne savais pas trop comment m'y prendre. Hier matin je me suis installée avec Solène dans ma

Hatton

chambre sur mon lit. J'ai commencé à lui raconter une histoire, puis je lui ai montré une photo représentant Dany LEPRINCE. Dès qu'elle a vu Dany, elle a dit "tonton" puis elle s'est mise dans une grande colère, elle a dit "yaya, yéyé, papa, maman, pas gentil tonton" et en disant cela, elle me tapait en faisant le geste avec son bras droit. Elle m'a tapée quatre fois. Elle était vraiment très en colère mais ne pleurait pas puis elle s'est calmée assez rapidement ensuite. Il lui a suffi que je lui dise qu'on allait faire le lit ensemble pour qu'elle se calme.

S.I. Lorsque j'ai montré la photo de Dany elle a commencé par frapper un grand coup dessus avec son poing droit, et lorsqu'elle m'a tapée dessus, elle avait également le poing fermé et elle donnait ses coups de manière droite, de façon très nette.

S.I. Depuis que le drame est arrivé, je n'ai jamais dit à Solène que son tonton Dany était accusé d'avoir tué son père, sa mère et ses deux soeurs et je n'en ai jamais discuté avec mes enfants devant elle. C'est un sujet que je n'aborde pas chez moi. Ce drame nous a beaucoup perturbé et nous n'en parlons pas entre nous.

S.I. Lorsque j'ai mis la photo de Dany LEPRINCE devant elle hier matin, je ne lui ai pas non plus posé de question, je me suis contentée de la mettre en face de cette photo et tout de suite elle a eu la réaction que je viens de vous décrire.

S.I. En NOVEMBRE 1994, j'avais montré une photo de Martine à Solène et elle était ravie de la voir. ELle a dit "tata" et elle a fait un bisou à la photo. Si je lui avais montré la photo de Martine, c'est parce qu'à ce moment là, je me posais des questions à son sujet.

S.I. A mon avis Solène a certainement assisté au drame. D'ailleurs, environ 15 jours après celui-ci alors que je me trouvais dans la salle de bains pour lui faire sa toilette, Solène m'a dit "attends" et ne voulait pas se nettoyer, puis elle s'est couchée par terre en se mettant sur le dos avec la tête sur le coté et elle a dit "maman dodo". Elle s'est relevée et elle pleurait.

S.I. En JANVIER 1995, alors que je me promenais par une belle journée ensoleillée avec Solène et Claudette FROGER, Solène a dit "papa couic". Elle était dans les bras de Claudette et elle pleurait.

S.I. Par ailleurs, pendant 48 heures après le drame, Solène était perturbée dans ce sens qu'elle avait toujours les larmes qui lui coulaient, elle n'avait pas de sanglot, mais elle ne pouvait pas s'arrêter de pleurer. Pendant deux mois, il a fallu que je la porte continuellement dans mes bras, elle ne voulait même pas aller avec mes enfants qu'elle connait bien.

S.I. Cela fait un mois que Solène m'appelle "maman".

S.I. Je tiens à dire également que selon moi, Solène avait été changée lorsqu'elle a été trouvée le lundi matin chez elle. A l'époque elle n'était pas encore propre. Lorsque je l'ai changée dans la journée du lundi, je me suis fait la réflexion que la couche qu'elle avait n'était pas suffisamment sale pour qu'elle ait eu cette couche pendant la nuit. Elle était en pyjama propre et elle sentait le bain. Je ne comprends pas non plus, puisque Solène, que je gardais déjà avant le drame, avait l'habitude de se lever dès 6 heures du matin, ait pu rester dans sa chambre jsuqu'à 9 heures et demi, sans en sortir. ELle parvenait déjà à ouvrir une porte et si vraiment elle avait été chez elle, elle serait sorti de sa chambre comme d'habitude et elle aurait donc forcément marcher dans le sang. Elle aurait peut-être aussi touché ses parents et ses soeurs, or elle était très propre. IL

Hatton

n'y avait aucune trace de sang sur elle. J'avais cherché à savoir auprès de Martine ce qu'elle avait fait de Solène puisque dans mon idée, Solène n'était pas restée toute seule chez elle, mais Martine m'a dit qu'elle ne se souvenait de rien de cela. Si je pensais que Martine avait pu s'occuper de Solène c'est aussi parce que le lundi matin, en découvrant le drame, Martine avait demandé "où est la petite". Je lui ai fait la réflexion qu'il y avait aussi deux autres petites filles, car je m'étonnais qu'elle ne s'inquiète que d'une seule. C'est à la suite de ces réflexions que j'avais donc montré la photo de Martine à Solène en NOVEMBRE. J'ai revu Martine récemment. Cela s'est très bien passé, Solène s'est dirigée spontanément vers elle, l'a appelée "tata", l'a embrassée. Par contre Martine ne m'a rien dit de plus sur le drame. Elle a offert des cadeaux à Solène.

S.I. De ma propre initiative j'ai décidé d'écrire à Dany, il y a de cela 15 jours environ, je lui parle de Solène en lui demandant de s'expliquer par rapport à elle. En effet sa mère m'avait dit que Dany n'osait pas m'écrire. J'attends encore sa réponse.

S.I. Je ne vois aucune explication au drame qui s'est déroulé, je connais Dany depuis de nombreuses années. Il m'apparaissait comme un homme renfermé, très dur de caractère, pas franc. Avec Christian c'était le jour et la nuit. Ceci étant Christian et Brigitte que je connaissais très bien, puisque j'étais la nourrice de leur enfant ne m'ont jamais parlé de lui pour évoquer un gros problème . Je percevais la jalousie, quasi-ment maladive de Martine par rapport à Christian et Brigitte.

S.I. A l'époque des faits, Solène portait déjà des lunettes, mais je suis formelle, même sans lunette, elle était parfaitement capable de reconnaitre quelqu'un qu'elle connaissait. En effet j'avais constaté que souvent ses parents ne lui faisaient pas porter ses lunettes des journées entières et cela ne la gênait pas.

S.I. Si elle a assisté au drame, elle est donc parfaitement capable de reconnaitre et de désigner la personne qui en est l'auteur.

S.I. A l'époque elle ne parlait pas beaucoup, elle disait "papa, maman, yaya, yéyé, tata" c'est tout. C'est peut-être la raison pour laquelle elle n'a pas été tuée elle aussi.

Lecture faite, le témoin persiste et signe avec nous et le greffier.

Hatton

PROCÈS-VERBAL
DE NELLY HATTON DU 26 MARS 1996

GENDARMERIE NATIONALE Legion de Gendarmerie départementale des Pays de la Loire SECTION DES RECHERCHES ANGERS 33, rue du Nid de Pie - B.P. 4127 49041 - ANGERS CEDEX Procès-verbal n° 140 / 1996 Brigade de CONNERRE (72)	PROCEDURE SUR COMMISSION ROGATOIRE PROCES-VERBAL D'AUDITION DE TEMOIN	Réservé destinataire 0499 CM Pièce n° 140/32 - Feuillet n°1/4

L'an mil neuf cent quatre vingt seize, le vingt six mars, 96 ------------------------------
Nous trouvant à la Brigade de Gendarmerie de CONNERRE (Sarthe), ----------------
Nous, JOZEAU, Gérard, Adjudant à la Section des Recherches à ANGERS (Maine & Loire),
Officier de police judiciaire, --

Vu les articles 16 et 151 à 155 du Code de procédure pénale, ----------------------

RAPPORTONS LES OPERATIONS SUIVANTES, QUE NOUS AVONS EFFECTUEES EN EXECUTION DE LA COMMISSION ROGATOIRE DESIGNEE CI-DESSOUS. --

RENSEIGNEMENTS SUR LA DELEGATION

DATE	NUMERO	NOM ET FONCTION DU MAGISTRAT MANDANT
07.02.1996	94/075	Mme BRUNETIERE, Céline, Juge d'Instruction près le T.G.I. de LE MANS (72)

INFORMATION OUVERTE CONTRE :
LEPRINCE, Dany. --

MIS EN EXAMEN DU CHEF DE :
Meurtre concomitant avec un autre crime et meurtres sur mineures de quinze ans. ----------

DATE	TRANSMISSION-NUMERO	DU -(Grade-Nom-Fonction)
07.02.1996	75/3 SERV.	Colonel MARCHETTI, Commandant la Légion des Pays de la Loire.

MISSION : Cf procès-verbal de synthèse.

ENQUETE

Faisons comparaître devant nous à 14 heure(s) 15 le témoin ci-après nommé, et lui donnons connaissance des faits pour lesquels sa déposition est requise. ------------------

Après avoir prêté serment de dire toute la vérité, rien que la vérité, le témoin, entendu séparément et hors la présence du mis en examen, dépose ainsi qu'il suit : ------------

Je me nomme **HATTON**, divorcée **MOIREAU**, **Nelly**. Je suis né(e) le 26 Décembre 1952 à SAINT MICHEL DE CHAVAIGNES (Sarthe). Je suis fils (fille) de Albert et de CLEMENT, Yvette. J'exerce la profession d'assistante maternelle. Je vis seule avec mes enfants. Je suis domicilié(e) à THORIGNE SUR DUE (72) au numéro 8 de la rue des Capucines. Je suis de nationalité Française. --

Je ne suis ni parente, ni alliée, ni employée des parties en cause dans le présent dossier. -

Je reconnais avoir pris connaissance des termes de la commission rogatoire au titre de laquelle vous procédez à mon audition aujourd'hui. Ce document m'a bien été présenté. ---
Je suis parfaitement au courant des faits qui motivent votre enquete. J'ai été entendue

LE TEMOIN — Hatton

L'O.P.J.

plusieurs fois par vos services ainsi qu'une fois en Janvier dernier par Madame BRUNETIERE, le juge d'instruction. ---

Dès à présent, je confirme en tous points mes déclarations antérieures sur cette affaire. Aujourd'hui et en complément de ce que j'ai déjà pû déclarer, je tiens à vous apporter les précisions suivantes comme je l'ai déjà fait verbalement dans le courant de la semaine dernière auprès de Monsieur MONNIER, le commandant de la brigade des recherches de LE MANS (Sarthe). ---

Dans un premier temps, je dois vous dire que je connais Madame FROGER, Claudette depuis pas mal de temps. Depuis le drame, nous sommes devenus amies et nous nous entendons bien en nous rendant des services réciproquement. ---

Si j'ai été amenée à entrer en contact avec votre collègue la semaine dernière c'est parce que depuis ma dernière audition devant Mme BRUNETIERE, j'ai eu connaissance des nouveaux éléments, d'une part, par ma fille Charline âgée de dix ans et d'autre part, par mon amie Claudette FROGER. ---

Sans pouvoir vous donner de date précise mais dans tous les cas, soit dans la fin du mois de février 1996, soit dans le début de ce mois-ci, ma fille Charline m'a fait part des propos suivants. Alors qu'elle jouait avec Solène dans la salle de jeux, cette dernière, tout en jouant à la poupée Barbie, lui a dit : « Tu sais, Mamy, elle pleurait beaucoup l'autre jour ; Il est méchant Dany, il s'est bagarré avec elle; Mamy est restée avec moi, elle est mignonne Mamy, elle a dormi avec moi, elle a fait le bain ». Charline a ajouté que sur sa demande de savoir à quel moment cela se passait, Solène lui a répondu : « Tu sais bien, c'est quand il a fait pan à Maman ». Voilà ce que ma fille m'a rapporté des propos de Solène. ---

Là-dessus, j'ai demandé à Charline de n'en parler à personne, ce qu'elle a fait jusqu'à ce jour. Je dois dire que Charline hésitait à me le rapporter et elle ne l'a fait que lorsque Solène n'était plus avec elle. En effet, Charline appréhendait de me le dire car elle aussi, comme Solène lui a dit, craignait de me voir pleurer en apprenant cela. ---

Dans un premier temps, bien qu'au courant de ces propos de la part de Solène, je n'en ai parlé à personne en me bornant à garder cela en moi, sans plus. ---

Huit ou quinze jours après cela, j'ai sollicité mon amie Claudette FROGER afin qu'elle me garde Charline et Solène un après-midi. Ce jour-là, quand je suis allée rechercher les filles, Claudette m'a parlé de ce que lui avait dit Solène. Je ne peux pas vous rapporter exactement les dires de Solène vis à vis de Claudette FROGER mais je sais qu'ils ont la même signification que la conversation avec Charline à savoir que la nuit des faits, Mamy LEPRINCE est intervenue aux côtés de Solène et qu'il y a toujours cette notion de bain et de dormir ensemble qui revient. ---

Une fois de plus, ce jour-là, du fait de la présence des filles , je n'ai pas voulu discuter davantage avec Claudette sur les propos tenus par Solène. Par contre, après un temps de réflexion, c'est moi qui ai provoqué une conversation à ce sujet avec Claudette. C'était peut-être quelques jours après. J'ai alors indiqué à Claudette que Solène avait tenu à deux reprises ces mêmes propos par rapport à la nuit des faits. J'ai ajouté à Claudette que je ne pouvais pas m'empêcher de faire le rapprochement avec le fait que selon ses propres dires à elle, une demi-heure après avoir entendu Martine crier ce soir-là, la FORD du couple Dany et Martine était passée devant son domicile et ce, à vive allure. J'ai fait part à Claudette que pour moi, ce mouvement de la FORD de Dany pouvait avoir un lien avec la présence de la mamy LEPRINCE aux côtés de Solène cette nuit là. De plus, j'ai ajouté à Claudette que par rapport au bain évoqué par Solène, je ne pouvais pas m'empêcher de me remémorer le fait que lors de sa découverte, Solène était en pyjama propre, sans aucune tâche de sang sur elle en donnant l'impression qu'un bain lui avait été fait le matin même. ---

LE TEMOIN L'O.P.J.

Hatton

C'est par rapport à tout cela que la semaine dernière, j'ai pris la décision d'en parler à votre collègue Monsieur MONNIER , d'une part pour que cela figure dans le dossier et d'autre part, parce-que je tiens absolument à ce que la lumière soit faite dans cette affaire. ————————

Pour en avoir discuté avec elle, je sais que Claudette n'a jamais signalé le fait d'avoir entendu le départ et le passage de la FORD du couple Dany/Martine devant chez elle environ une demi-heure après avoir entendu Martine crier. Je peux vous dire que Claudette s'est souvenue de cela peu de temps après avoir été entendue par le juge d'instruction l'an dernier. Si elle ne l'a pas signalé, c'est pour deux raisons. D'une part, parce-qu'elle n'a pas vu où est allée la FORD et qui la conduisait à ce moment précis, et d'autre part, parce-qu'elle craignait de ne pas être crédible, ayant déjà, une première fois, mis pas mal de temps à se souvenir des cris de Martine ce jour-là. Personnellement, je peux vous dire que j'étais au courant de ce mouvement de voiture depuis le jour où Claudette s'en est souvenue mais je n'y ai attaché une réelle importance que par rapport aux dires de Solène dernièrement. ————————

Claudette est au courant du fait que j'en ai parlé à Monsieur MONNIER et que je suis entendue aujourd'hui pour cela. Elle vous confirmera ce que je viens de vous rapporter la concernant. ————————

J'ai tout à fait conscience que ma déclaration comporte des éléments qui peuvent être importants pour le dossier et qu'ils pourront éventuellement faire l'objet d'une interprétation à mon encontre. Je ne peux que les confirmer une nouvelle fois de façon formelle car à mon niveau, je ne me borne qu'à rapporter ce dont j'ai connaissance et ce, dans mon souci permanent de faire tout ce qui doit être fait pour peut-être connaître ou comprendre un jour ce qui a pû réellement se passer. ————————

Voilà tout ce que je peux vous déclarer sur les derniers éléments à ma connaissance à ce jour. ————————

Je tiens à expliquer que bien que ma déclaration puisse, dans une certaine mesure, impliquer la grand-mère LEPRINCE dans ce qui a pû se dérouler cette nuit là, je n'agis ainsi que dans le seul but de connaître la vérité et non pour lui nuire en quoi que ce soit. Franchement, à mon niveau, si tel a été le cas, je ne peux que la remercier d'avoir protégé Solène dans tout cela. Toutefois, tout en pouvant comprendre son silence par rapport à Dany, il faut malgré tout que la grand mère LEPRINCE dise toute la vérité ou du moins tout ce qu'elle en sait. Je ne peux oublier ses propos lors de la découverte du drame et le fait qu'elle n'ait pas cherché à savoir ce qui s'était passé réellement avant de s'exprimer, donnant l'impression d'être déjà au courant. Bien que n'ayant pas évoqué ces derniers éléments avec elle, je sens, au travers de nos conversations, que la grand mère LEPRINCE tait certaines choses par rapport à ce drame. A chaque fois que je l'invite à discuter de cela, elle se dérobe plus ou moins en prétendant que Dany est innocent et en évoquant toujours ces histoires de magnétiseurs au sein de sa famille. Toujours concernant la grand mère LEPRINCE, je peux vous dire que dans ses propos par rapport au drame, elle veut toujours donner l'impression qu'elle est celle que tout le monde veut accabler. En cela, elle évoque en permanence les preuves qui ont été, selon ses dires, découvertes chez elle. Je n'ai rien de particulier à dire de plus sur elle si ce n'est qu'elle aime beaucoup Solène et qu'elle s'en occupe très bien. ————————

————————

Par rapport à ma dernière audition devant Madame BRUNETIERE, je dois dire que concernant le grand père LEPRINCE et son comportement vis-à-vis de moi, cela ne s'est plus jamais reproduit et j'en ignore la raison. Il est revenu chez moi mais toujours accompagné de son épouse. A mon avis, Madame LEPRINCE que j'ai tenue au courant de cela, a fait le nécessaire pour que cela cesse. Il faut dire que c'était à chaque fois sous l'emprise de l'alcool. ————

S.I. : Concernant l'entente entre les deux couples, je n'ai rien de plus à vous dire par rapport à mes précédentes déclarations. Je ne peux que vous redire que cette entente était principalement perturbée par la jalousie maladive de Martine à l'égard de Christian et Brigitte. J'ai

LE TEMOIN — **L'O.P.J.**

Hatton

toujours été au courant de cela principalement par Christian que me rapportait les « vacheries » ou réflexions désagréables de Martine à leur égard. Par rapport à ce problème de jalousie, Christian et Brigitte n'ont toujours évoqué que Martine mais jamais Dany. ----------------

S.I. : Je n'ai jamais eu de confidence de la part de Christian et Brigitte sur leurs finances. Ils étaient très discrets là dessus et très modestes extérieurement. A mon niveau, ils me payaient régulièrement tous les mois en étant relativement généreux et reconnaissant. Pour répondre à votre question, je n'ai jamais été au courant sur l'existence d'une « cagnotte » ou d'une « caisse noire » chez eux. La seule chose que je peux vous dire là-dessus c'est que peu de temps après la construction du « L » de leur pavillon, consécutivement à des problèmes de toiture, j'ai involontairement appris la pratique de paiements en espèces de leur part. Cela s'est passé bêtement car Christian venait de me rapporter ses problèmes et je lui ai dit qu'il n'avait qu'à faire intervenir son assurance décennale. C'est par rapport à cette assurance que Christian m'a expliqué être coincé par le fait d'avoir payé la majeure partie de cette extension d'habitation en liquide et ne plus avoir de recours possible. Je me souviens que mon concubin de l'époque, Mr LHERMITTE était au courant de cela car il était copain avec Christian qui l'avait même sollicité pour l'aider dans l'extension de son garage qui devait avoir lieu au moment du drame. C'est seulement par cette conversation sur ses problèmes de toiture que j'ai pris conscience que Christian et Brigitte utilisaient de l'argent liquide dans des proportions relativement importantes ne serait-ce-que par le coût d'une telle construction. ----------------
Cette construction du « L » est intervenue avant celle des combles. Je ne peux vous dire comment ils ont payé ces derniers travaux. C'est tout ce que je peux vous dire dans ce domaine.

S.I. : Pour répondre à votre question, je dois vous dire n'avoir jamais fait attention aux chaussures que pouvait porter Christian dans la vie de tous les jours. Sincèrement, je n'y ai jamais prêté attention et je ne l'ai jamais entendu parler de ce problème là. J'ignore totalement ses goûts, ses préférences et ses choix concrets dans ce domaine. Il m'est impossible de vous donner aucun renseignement là-dessus. Même devant une planche photographique représentant divers modèles de chaussures, je serais incapable de vous renseigner. La seule chose qui me revient à l'esprit c'est qu'une fois, je l'ai vu avec une belle paire de bottes en cuir dont l'extrémité était pointue et cela remonte à pas mal de temps. ----------------

Je n'ai rien d'autre à déclarer. ----------------

Le 26 Mars 1996 à 18 heures 00, ----------------

Lecture faite par moi de la déclaration ci-dessus, j'y persiste et n'ai rien à y changer, à y ajouter ou à y retrancher. ----------------

LE TEMOIN — **L'O.P.J.**

Hatton

9.

« Flashs » à répétition

1996 est l'année de tous les éclairs de mémoire, qui crépitent et illuminent le cabinet de la juge. Ainsi, Claudette Froger, deux ans après les faits, revient dans l'actualité : elle se souvient soudainement avoir entendu et vu la Ford de Dany passer à vive allure le soir du drame. Elle ne reconnaît pas le conducteur car il fait nuit. Son mari témoigne qu'en effet il se souvient, tout aussi brusquement, qu'elle le lui avait raconté à l'époque.

La juge Céline Brunetière va immédiatement entendre Martine Leprince. Elle lui rapporte que Solène a dit devant sa photo : « Gentille mamy, donné bain », que Mme Froger a entendu et vu la voiture de Dany passer, sans identifier le conducteur, que Nelly Hatton a pensé que sa belle-mère était au courant depuis la veille...

Martine écoute la juge attentivement et brusquement se souvient. Elle livre alors ce qu'elle-même appelle un « flash » :

« Dany est rentré vers 21 h 30. Il s'est mis en bout de table pendant que je regardais la télévision. Lorsqu'il a eu fini, j'ai pris son assiette pour aller porter les reliefs aux chiens qui étaient dans le garage, j'ai entendu crier, j'ai vu Dany qui frappait son frère devant la boîte aux lettres. J'ai crié : "Arrête, arrête !", mais il ne m'entendait pas. J'ai couru chez Brigitte pour la prévenir, mais lorsque j'ai ouvert la porte j'ai vu les trois corps. À présent je me souviens, je me suis précipitée dans la chambre de Solène, qui était vivante. Je l'ai prise dans mes bras pour vite la soustraire à la folie de Dany. Comme elle avait du sang sur elle, je suis allée la laver dans ma salle de bains. Ensuite, je suis allée en voiture chez ma belle-mère pour lui demander de garder Solène, expliquant que Dany était devenu fou. Elle m'a répondu que je devais aller remettre la petite dans son lit, pour sauver Dany. J'y suis donc retournée avec elle. Après l'avoir changée, je me suis couchée à côté pour l'endormir. Ensuite, je suis rentrée chez moi, rejoindre Dany qui dormait profondément. J'avais monté son réveil, qui a sonné à 2 h 30 ; il s'est levé pour aller travailler, j'ai remonté la sonnerie sur 6 heures pour aller à la foire et je me suis rendormie. »

PROCÉDURE SUR COMMISSION ROGATOIRE
PROCÈS-VERBAL D'AUDITION DE TÉMOIN

L'an mil neuf cent quatre-vingt-seize, le neuf mai

Nous trouvant à CONNERE (Sarthre)

Vu les articles 16 et 151 à 155 du Code de procédure pénal

Je me nomme COMPAIN Martine, épouse LEPRINCE. Je suis née le 6 novembre 1956 à VOIVRES LES LE MANS (Sarthre). Je suis fille de Bernard et de BARBET Germaine. J'exerce la profession d'agent hospitalier. Je suis domiciliée [redacted]. Je suis de nationalité française.

Je suis l'épouse du mis en examen dans cette affaire ainsi que la belle-sœur de LEPRINCE Christian et Brigitte, victimes avec leurs deux filles Sandra et Audrey.

/…/

Avant d'aborder ces points précis que je vais vous expliquer, par rapport à l'ensemble du dossier et plus particulièrement sur mes précédentes déclarations, de moi-même, je n'ai rien de plus à vous dire.

Ce matin, en complément des investigations déjà effectuées sur le problème posé par l'hématome sur mon visage remarqué le jour de la découverte des faits, j'ai consenti à vous accompagner au lieu-dit « L'Imbaudière » sur la commune de THORIGNÉ-SUR-DUÉ (72), exploitation agricole que je gérais avant les faits objet de cette enquête. Je savais qu'à cet endroit, il m'était permis de retrouver un morceau de tuyau pour canalisation d'eau, en plastique noir, semi-rigide, identique à celui que j'utilisais pour diriger mes cochons. C'est sur mes indications que je vous ai demandé de tailler ce tuyau à la longueur telle qu'il a été saisi. Mais après examen, il est vraisemblable qu'il mesurait plutôt un mètre que 72 centimètres. Pour votre cliché photographique, j'ai également accepté de refaire le geste à cause duquel j'ai eu une marque sur le nez. Bien que refaisant le geste avec ce même tuyau, vous avez pu constater que ce n'est pas évident d'expliquer le retour de ce dernier sur le nez. Toutefois, je suis formelle sur ce problème d'hématome, je confirme les déclarations que j'ai faites précédemment en tout point. Je maintiens à nouveau que cet incident m'est arrivé au milieu de la semaine précédant les faits, je me souviens que ce jour-là j'avais acheté du matériel de clôture électrique auprès des établissements LAVENIER à THORIGNÉ-SUR-DUÉ.

/.../

J'apprends par vos soins que ma petite nièce Solène a évoqué des détails par rapport à la journée du drame qui s'est déroulé dans sa famille. J'apprends également que celle-ci aurait dit que ce soir-là, je serais intervenue auprès d'elle notamment au niveau de sa toilette et de son sommeil. De plus, vous m'apprenez que certains témoignages font état d'un mouvement de notre voiture Ford Sierra le dimanche soir peu de temps après les faits. À tout cela je peux vous répondre de la façon suivante : pour le mouvement de notre Ford ce soir-là, je ne peux vous dire si c'est vrai ou pas car je ne me souviens plus du tout. Par contre en ce qui concerne notre petite nièce Solène et ses propos, je ne suis pas surprise outre mesure. En effet, depuis le drame, je me suis toujours remémorée, au moment de sa remise à sa nourrice par le Dr BOUZARD, l'état de propreté de Solène, étrange ou anormal par rapport à son très jeune âge et aussi par rapport à l'état dans lequel se trouvait l'habitation. En effet, si je suis incapable de le souvenir avoir nettoyé ou non la petite Solène, une chose est certaine, bien que ne l'ayant jamais évoqué jusqu'à ce jour, il y a bien longtemps que je me suis souvenue avoir, cette soirée-là, lors de mon passage dans la maison de Christian et Brigitte, avoir vu la petite Solène. Pour vous situer le moment précis, je vois Solène chez elle au moment où j'entre dans son habitation après être passée à hauteur de Dany qui frappait son frère Christian au niveau de la boîte aux lettres. Sans pouvoir justifier ma réaction, je me souviens très bien qu'après avoir vu les corps inertes de Brigitte, de Sandra et de Audrey, instinctivement je me suis dirigée à la chambre de Solène, celle qui se trouve au milieu. Je me souviens très bien que lorsque je suis entrée dans la maison, immédiatment mon seul souci a été de rechercher Solène craignant qu'elle avait subi le même sort que ses sœurs, et mon intention était de la sauver. Sans pouvoir vous donner de détails car cela est flou, je me souviens l'avoir découverte dans sa chambre et l'avoir prise aussitôt dans mes bras. Quand je repense à cet instant précis. Solène étant dans mes bras, j'avais peur que Dany ait eu l'idée subite de revenir pour Solène. Si j'ai parfaitement cette image en mémoire d'avoir Solène dans mes bras ce soir-là ensuite je n'arrive plus à me souvenir et je suis dans l'impossibilité de vous dire ce qu'il advient de Solène entre ce moment-là et sa découverte le lendemain matin.

*
**

PROCÈS-VERBAL DE MARTINE LEPRINCE DU 14 MAI 1996

COUR D' APPEL D'ANGERS

IBUNAL DE GRANDE INSTANCE
DE LE MANS

CABINET DE Céline BRUNETIERE,
Juge d'Instruction

DOSSIER N° 94/075

P R O C E S - V E R B A L   D E   D E P O S I T I O N
D E   T E M O I N

Le 14 Mai 1996 à 14 Heures 00,

Devant Nous, **Céline BRUNETIERE,** Juge d'Instruction au Tribunal de Grande Instance DE LE MANS,

Assistée de **Dominique MEILLANT,** Greffier

Etant en notre Cabinet au Palais de Justice ;

Instruisant sur les faits reprochés à **Dany LEPRINCE** mis en examen du chef de : MEURTRES concomittant avec d'autres crimes et sur mineures de 15 ans

A comparu, séparément et hors de la présence de la personne mise en examen, le témoin ci-après nommé, lequel nous a remis l'avertissement qui le convoque.

Nous lui avons demandé ses nom, prénoms, âge, état, profession, demeure, s'il est parent ou allié des parties et à quel degré, ou s'il est à leur service.

Le témoin a répondu :

Je me nomme **COMPAIN Martine épouse LEPRINCE**
née le 6 NOVEMBRE 1956 à ETIVAL LES LE MANS (72)
Agent hospitalier
dmt 201 Bd Demorieux - LE MANS

Je suis l'épouse de la personne mise en examen LEPRINCE Dany la belle-soeur de LEPRINCE Christian et PAPILLON Brigitte épouse LEPRINCE, je suis la tante de LEPRINCE Sandra et LEPRINCE Audrey.

Après lui avoir fait prêter serment de dire toute la vérité, rien que la vérité, nous avons reçu sa déposition.

S.I. Lorsque je suis allée chercher Solène dans sa chambre le Dimanche 4 SEPTEMBRE 1994, après avoir vu les corps de Brigitte Sandra et Audrey, il me semble que j'étais vêtue d'une sorte de bermuda assez collant vert et blanc, d'un tee shirt d'été et de petites baskets blanches sans lacet. Dans les jours qui ont suivi j'ai remis ces vêtements et ces chaussures à la gendarmerie. Les vêtements étaient propres.

LE JUGE : vous souvenez-vous avoir eu vos vêtements salis par le sang qui se trouvait sur Solène ?

S.I. Je ne me souviens pas particulièrement de cela, j'ai pris effectivement Solène à bras le corps sans l'envelopper d'une couverture. Le sang qu'elle avait sur elle n'était pas sec et il est probable que mes vêtements ont été tachés. Par la suite lorsque je me suis couchée, je me suis mise en tenue de nuit et je pense avoir laissé mes vêtements dans le panier à linge. Je n'y ai pas fait attention. Je pense que c'est le lendemain matin avant de partir travailler que j'ai mis ma machine en route parmi le linge à laver devaient se trouver mes vêtements de la veille. C'est cette lessive que j'ai étendue dans la matinée du lundi 5 SEPTEMBRE. Je me souviens que les journalistes se trouvaient dans le chemin près de la maison.

S.I. Lorsque j'ai mis les vêtements que je portais la veille dans la machine à laver je n'ai pas fait attention à eux spécialement. Je ne me souviens donc pas avoir vu du sang sur mes vêtements.

S.I. Lorsque je suis allée voir ma belle mère au cours de la nuit avec Solène, je portais toujours la même tenue. En tout cas je ne me souviens absolument pas m'être changée après avoir nettoyé Solène. Je suis partie tout de suite avec elle pour aller chez ma belle-mère.

S.I. Je suis sûre également de ne pas avoir jeté les vêtements que je portais ce jour là et je n'ai pas davantage jeté les chaussures.

S.I. Après avoir vu mon mari frapper Christian au niveau de la boite aux lettres j'ai voulu aller chercher Brigitte, je suis rentrée par la porte. Je l'ai vue dans la cuisine. Je m'étais dirigée d'emblée dans la cuisine, en ressortant de la cuisine j'ai vu le corps d'une des petites filles tout de suite, puis ensuite j'ai vu le corps d'une autre petite fille. Le second corps se trouvait plus loin dans le couloir. Je me suis dirigée à ce moment là vers la chambre où dormait Solène habituellement et je l'ai trouvée. Je ne me souviens pas exactement de l'endroit où j'ai trouvé Solène, si c'était dans sa chambre même ou juste à coté. En tout cas je suis certaine qu'elle n'était pas couchée, elle était debout. Je ne pense pas que Solène pleurait, mais je n'en suis pas certaine. En tout cas je suis sure qu'elle ne dormait pas, elle était debout. Je l'ai prise tout de suite dans mes bras et je suis ressortie avec elle de la maison tout de suite. Il me semble qu'il y avait de la lumière mais je suis incapable de dire si c'était la lumière extérieure qui éclairait à l'intérieur de la maison ou si c'était la lumière intérieure.

Spontanément : je me souviens qu'il y avait de la lumière dans la cuisine.

S.I. Je ne pense pas avoir moi même allumé la lumière du couloir ou de la chambre de Solène. Je ne me vois pas non plus en train de bouger des meubles et je n'ai pas touché aux corps.

S.I. Lorsque par la suite j'ai ramené Solène chez elle, je me souviens qu'il y avait de la lumière encore. J'ai vu Christian et Sandra et la petite chienne qui était à coté de Sandra, dans l'entrée. Il y avait du sang partout. Je suis incapable de me rappeler si j'ai vu Christian allongé sur le dos ou sur le ventre. Je crois qu'il avait un blue jean. Je me souviens qu'il était défiguré. La chienne n'a pas bougé, elle était couchée près de Sandra.

vérifié la lumière ne pas 1 témoin

S.I. Pendant le trajet pour aller chez mes beaux-parents et le trajet pour revenir chez Solène, je n'ai rencontré personne.

S.I. Lorsque je suis arrivée chez mes beaux-parents, j'ai trouvé ma belle-mère dans la cuisine. ELle était là, elle ne s'était pas couchée auparavant. Je n'ai parlé qu'avec elle. Je me trouvais à l'entrée de la porte de la cuisine. Je n'ai pas vu Alain et je ne me souviens pas avoir vu mon beau-père. Je suis restée debout, toujours au même endroit, avec Solène. Je voulais simplement qu'ils gardent Solène. J'ai dit que Dany était devenu fou, que j'avais vu les corps allongés chez Christian et qu'il y avait du sang partout, que je croyais qu'ils étaient morts. Ma belle-mère pleurait mais elle ne pleurait pas bruyamment. Ma belle-mère parlait fort, mais c'est son habitude. Je voulais simplement qu'ils gardent Solène et retourner voir mes filles au plus vite. Ma belle-mère m'a dit c'est de "ta faute". Je lui avais dit que Dany avait beaucoup travailler ce dimanche et je lui ai parlé de la conversation que j'avais eue avec Dany quand je lui ai dit que nous allions peut-être être obligés de laisser les terres de "la Goualtière". Je suis incapable de me rappeler à quelle heure précise j'ai ramené Solène. Je me souviens que lorsque je suis rentrée chez moi après que Solène se soit endormie, je suis allée voir chacune de mes filles pour vérifier si tout allait bien. ELles dormaient normalement. Je n'ai pas du tout parlé ni à Célia, ni à Marion, ni à Pauline. Lorsque je me suis couchée, j'ai vu que Dany l'était déjà, je n'ai pas remarqué l'heure au radio-réveil et je suis incapable de vous dire s'il était avant ou après minuit.

- Je ne parlais pas fort

S.I. c'est moi qui avais réglé ce réveil pour qu'il sonne à 2 heures 30 du matin mais je l'avais fait, comme à mon habitude, surtout quand Dany se lève très tôt, avant le début du film du soir.

S.I. Je me souviens que contrairement à mon habitude ce soir là je n'avais pas pris de douche avant le film du soir puisque nous avions diné plus tard que d'habitude. C'était aussi l'été et nous avions aussi l'habitude de travailler plus tard l'été. Je me souviens qu'après être allée voir mes filles dans leur lit, j'ai pris une douche. A ce moment là je n'avais pas encore vu que Dany était allongé dans notre lit. Je ne savais pas où il était et je me disais que tout cela était un cauchemar.

S.I. Lorsque je suis allée conduire Solène chez mes beaux-parents j'ai emprunté la FORD. Elle était garée devant chez nous sur l'allée qui est devant la terrasse. La clé était sur le tableau de bord comme d'habitude. Puis je suis passée devant chez Christian sur la route. A aucun moment je n'ai revu Dany. Lorsque je suis revenue avec Solène, je suis allée me garer devant chez nous, devant le garage. Pour aller chez Christian je suis passée sur la route, je n'ai pas vu une flaque de sang près de la boite aux lettres.

Spontanément : Je m'étais garée devant chez moi car au départ je voulais ramener Solène chez nous. Je ne l'ai pas fait car j'avais peur, peur que Dany m'aie vue et qu'il m'attende. J'ai alors ramené Solène chez elle. Ma belle mère m'avait dit de ramener Solène chez elle. Je ne voulais pas mais arrivée devant ma porte, je n'ai pas pu rentrer avec elle parce que j'avais peur. J'ai alors ramené Solène chez elle.

S.I. Lorsque Dany est parti au travail, j'ai entendu le bruit d'un moteur qui ronfle et comme c'était un bruit assez fort, j'ai pensé que peut-être Jean Luc MALHERBE était venu chercher Dany pour l'emmener au travail. J'avais pensé à cela parce que c'était un peu la façon de conduire de Jean Luc MALHERBE. C'était comme le bruit d'une voiture qui recule rapidement. J'ai dit cela aux gendarmes car je pensais vraiment que ce n'était pas la FORD que j'avais entendue. Lorsque je me suis levée le lundi matin j'ai même été étonnée de constater que la FORD n'était plus là.

LE JUGE : Vous souvenez-vous des mots employés par votre belle-mère lorsqu'elle vous a demandé de ramener Solène chez elle ?

S.I. Elle m'a dit "faut ramener Solène chez elle, Dany va aller en prison".

S.I. Christian comptait beaucoup pour ma belle-mère. On peut dire d'une certaine façon qu'il avait été son fils préféré. C'était avant qu'il commence à ne plus voir suivre tout ce que disait sa mère. Dany c'était autre chose, il faisait la même chose qu'elle.

S.I. J'avais l'impression que Dany préférait être avec sa mère, il passait plus de temps avec elle que chez nous.

S.I. A aucun moment ma belle-mère m'a laissé entendre qu'elle voulait venir voir chez Christian. A aucun moment je ne l'ai vue soit me suivre en voiture, soit chez Christian lorsque j'y étais avec Solène avant qu'elle ne s'endorme. Lorsque je suis ressortie après que Solène se soit endormie, je n'ai pas vu non plus la voiture de ma belle-mère.

S.I. Il me semble qu'il était plus de 21 heures lorsque Dany est arrivé dans le garage où je me trouvais. Je me souviens qu'il a enlevé sa cote verte. En dessous il devait avoir un jean et un polo. je ne me rappelle pas l'avoir vu enlever des bottes. Il devait donc avoir ses vieilles baskets. Pourtant je me rappelle que le matin il était parti avec ses vieilles bottes marron. Cela lui arrivait de changer ses chaussures au cours de sa journée de travail et de laisser ses bottes à "l'Imbaudière". Nous nous sommes disputés au sujet des terres de "la Goualtière" et après que j'ai parlé de l'attitude de Christian par rapport aux batiments de "la Goualtière", Dany est sorti du garage. Il n'est à aucun moment entré dans notre cuisine, il est donc sorti sans manger. Notre dispute a dû durer quelques minutes, cela ne durait jamais longtemps puisque soit je m'écrasais, soit Dany partait.

S.I. Par la suite au cours de la soirée, je ne me souviens pas avoir vu Dany diner chez nous.

S.I. Entre le moment où j'ai pris ma douche et le moment où je me suis couchée je n'arrive pas à me rappeler si j'ai fait autre chose et notamment regarder la télévision.

Spontanément : il me semble pourtant bien avoir vu ce soir là une partie de l'émission CULTURE PUB.

S.I. Je ne sais rien sur ce que sont devenus les vêtements que portait Dany ce soir là. Il avait tendance à laisser trainer les choses. Je suis formelle je n'ai pas trouvé de vêtements pleins de sang à trainer chez moi.

S.I. Je n'ai jamais vu mon mari brûler des choses de la maison comme des vieux papiers par exemple dans le bidon qui se trouvait devant chez nous. En effet, il ne s'occupait pas des affaires de la maison, il n'y a que moi qui ai pu y bruler des papiers pour faire moins de poubelles. Je n'ai pas vu Dany y brûler quelque chose dans la soirée du Dimanche 4 SEPTEMBRE ou plus tard.

S.I. Lorsque je suis sortie du garage alertée par les cris que j'entendais à l'extérieur et que j'ai vu Dany en train de frapper Christian près de la boite aux lettres, je me suis dirigée vers les cris. A ce moment là je n'ai pas vu Célia.

lecture faite, le témoin persiste et signe avec nous et le greffier.

Dans cette nouvelle version, deux ans après les faits, tous les témoignages à retardement sont bien imprimés : ses cris, ses péripéties nocturnes, le bruit de la voiture devant chez les Froger, la propreté de Solène puisqu'elle dit l'avoir lavée et changée, le sang sur elle, qui peut être raccord avec le fait qu'elle a en partie assisté au drame ; même les traces de pas féminins sont encore justifiées. Dans la foulée, Renée Leprince est de retour dans la mélasse : elle est maintenant censée avoir vu Martine dans la nuit, et conséquemment être au courant du drame avant sa découverte.

Martine, qui ne porte pas ses beaux-parents dans son cœur et qui enfile comme des perles tout ce qui peut leur nuire, pire, les faire suspecter, doit éprouver une certaine satisfaction.

Céline Brunetière comme les gendarmes vont pilonner les parents Leprince, mais ces derniers ne cèdent pas. Renée Leprince crie haut et fort que si en garde à vue on lui a fait raconter n'importe quoi, à présent c'est fini. Elle dit la vérité, point barre : avec son mari, ils n'ont jamais vu ni Martine ni Solène ce soir-là.

Mme Leprince mère est à un fil d'être mise en examen et écrouée.

La mémoire retrouvée de Martine entraîne toujours plus d'interrogations. On laisse entendre que Célia conforte les témoignages de sa mère. Mais que dit-elle exactement, le 2 décembre 1994, en confrontation avec sa mère ?

« Le 4 septembre 1994, pendant la coupure du film de la 6, j'ai ouvert la porte de la salle à manger pour sortir les chiennes. Elles se sont dirigées vers la boîte aux lettres en aboyant, je les ai rappelées mais une seule des chiennes est d'abord revenue. J'ai attendu un peu que l'autre revienne et j'ai entendu à ce moment-là des bruits et des cris dans la maison de Christian. J'ai rentré les chiennes dans la maison en fermant la porte et je me suis dirigée vers le garage, à cause des bruits que j'entendais. C'est de cet endroit que j'ai vu Christian qui courait, depuis chez lui jusque vers la boîte aux lettres, en étant poursuivi par un homme. [...] J'ai vu Christian qui tombait à cet endroit-là. [...] En rentrant chez moi, je suis allée directement dans ma chambre, sans parler à personne et sans entrer dans la salle à manger. Je n'ai même pas regardé si mes petites sœurs regardaient encore la télé et si maman était aussi en train de regarder la télé. [...] Je crois qu'elle est partie vers la moitié de la première partie du film [...]. Elle s'est dirigée vers la cuisine. Elle n'a pas dit où elle allait ni ce qu'elle allait faire. [...] [Lorsque j'étais dehors], je pense qu'elle était dans le garage, en tout cas elle n'était ni dans la salle à manger ni dans la cuisine. Pendant que je me tenais devant la porte de notre garage, je n'ai entendu aucun bruit à l'intérieur et, en fait, je n'ai pas vu maman jusqu'au lendemain. Cela me tourmente de ne pas savoir où elle était. [...] Je n'ai pas entendu ma mère crier : "Arrête, arrête !" [...] Je crois que si maman avait crié : "Arrête, arrête !" avant que je sorte de la maison, je l'aurais entendue. »

PROCÈS-VERBAL
DE MARTINE LEPRINCE ET DE CÉLIA LEPRINCE
DU 2 DÉCEMBRE 1994

D276
CH
2 déc 94

COUR D' APPEL D'ANGERS

TRIBUNAL DE GRANDE INSTANCE
DE LE MANS

CABINET DE Céline BRUNETIERE
Juge d'Instruction

DOSSIER N° 94/075

P R O C E S - V E R B A L

D E   C O N F R O N T A T I O N

Le 02 Décembre 1994 à 17 Heures 07

Devant Nous, Céline BRUNETIERE, Juge d'Instruction au Tribunal de Grande Instance DE LE MANS,

Assistée de Dominique MEILLANT, Greffier,

Etant en notre Cabinet au palais de Justice.

CONFRONTONS

les témoins

COMPAIN Martine épouse LEPRINCE
née le 6 NOVEMBRE 1956 à YVOIRES LES LE MANS (72)
agricultrice
dmt "La Groie" à THORIGNE SUR DUE (72)

qui prête serment de dire toute la vérité, rien que la vérité, puis, requis de dire s'il est domestique, parent ou allié des parties (et à quel degré) répond : Je suis l'épouse de ma personne mise en examen Dany LEPRINCE, la belle soeur des victimes Christian et Brigitte LEPRINCE, et la tante des victimes Sandra et Audrey LEPRINCE,

LEPRINCE Célia
née le 25 DECEMBRE 1978 à LE MANS (72)
Collégienne
dmt "La Groie" à THORIGNE SUR DUE (72)

qui, étant agée de moins de 16 ans, ne prête pas serment. et qui nous dit être la fille de la personne mise en examen.

Nous avons poursuivi ainsi qu'il suit la présente confrontation :

LE JUGE à Célia LEPRINCE : Depuis quand n'avez-vous pas vu votre mère ici présente.

S.I. Célia LEPRINCE : depuis lundi matin dernier. Je ne lui ai pas téléphoné non plus.

S.I. Martine LEPRINCE : c'est exact, je n'ai pas vu Célia depuis Lundi dernier, je ne lui ai pas téléphoné et je ne savais pas que je la verrais ce soir dans votre cabinet. Je suis d'accord pour discuter devant vous des faits qui se sont commis le Dimanche 4 SEPTEMBRE 1994, en présence de ma fille.

S.I. Célia : je suis d'accord aussi. Cela va nous permettre d'en parler plus facilement.

LE JUGE à Célia : confirmez-vous les déclarations faites lors de vos différentes auditions et notamment celles du 30 NOVEMBRE 1994 (D.274) ?

S.I. Célia : oui je confirme tout ce que je vous ai dit et je le redis en présence de maman. Le dimanche 4 Septembre 1994, pendant la coupure de la publicité du film de la 6, j'ai ouvert la porte de la salle à manger pour laisser sortir les chiennes. Elles se sont dirigées vers la boite aux lettres en aboyant. Je les ai rappelées mais une seule des chiennes et d'abord revenue . J'ai attendu un peu que l'autre revienne et j'ai entendu à ce moment là des bruits et des cris dans la maison de Christian. J'ai rentré les chiennes dans la maison en fermant la porte, puis je me suis dirigée vers le garage à cause des bruits que j'entendais. C'est de cet endroit que j'ai vu Chriistian qui courait depuis chez lui jusque vers la boite aux lettres en étant poursuivi par un homme. Je n'ai pas reconnu à ce moment là l'homme qui poursuivait Christian, je ne l'ai reconnu que lorsqu'ils se sont trouvés tous les deux près de la boite aux lettres. J'ai vu Christian qui tombait à cet endroit là. Je m'étais placée de telle facon que je ne puisse pas être vue près de la porte du garage. Ensuite j'ai vu mon père qui empoignait Christian, toujours allongé par terre et qui partait. Je ne sais pas exactement comment il l'a empoigné, il a commencé à se diriger vers la maison de Christian. Je n'ai pas vu la trajectoire qu'il a utilisée pour cela mais je pense qu'il a du prendre le même chemin qu'à l'allée, en retraversant la haie au même endroit. En effet pendant ce temps je me suis dirigée vers la boite aux lettres et si mon père avait utilisé un autre chemin pour aller chez Christian, je pense que je l'aurais vu le long de la haie. De l'endroit où j'étais à coté de la boite aux lettres, j'ai vu mon père qui frappait Christian à l'aide d'un instrument identique à celui que vous me présentez et qui est selon ce que vous dites la réplique d'une feuille de boucher. Ils étaient tous les deux devant le garage de la maison de Christian.

S.I. Célia : j'ai vu mon père donner un coup à Christian et je suis partie, je suis rentrée chez moi et je suis allée me coucher.

S.I. Célia : si je suis rentrée si vite chez moi c'est parce que j'avais peur que mon père s'en prenne à moi, soit avec l'instrument qu'il avait soit d'une autre façon. En rentrant chez moi je suis allée directement dans ma chambre, sans parler à personne et sans entrer dans la salle à manger. Je n'ai même pas regardé si mes petites soeurs regardaient encore la télé et si Maman était aussi en train de regarder la télé. Je n'ai téléphoné à personne.

LE JUGE à Célia : pendant le laps de temps où vous avez été dehors, avez-vous vu quelqu'un d'autre que Christian et votre père, ou entendu quelqu'un crier ou parler.
S.I. Célia : Non je n'ai vu personne d'autre qu'eux et je n'ai entendu personne parler ou crier
S.I. Célia : je suis restée dehors une bonne dizaine de minutes.
LE JUGE à Célia : ce soir là avez-vous vu votre père diner à la maison
S.I. Célia : non il n'a pas diné avec nous toutes les quatre. Maman avait préparé son repas mais il n'est pas venu manger. S'il était venu je l'aurais forcément vu puisque je me serais trouvée à regarder la télé avec lui en face de moi. Je n'aurais pas manqué de le voir même si j'avais été très absorbée par le film.
S.I. Célia : Selon moi je ne pense pas que Papa ait pu manger dans la cuisine car cela lui arrive très rarement. Quand il mange après nous, Maman lui laisse l'assiette dans la cuisine d'abord puis lui amène dans la salle à manger.
S.I. Célia : à aucun moment ce soir là je n'ai vu l'assiette de papa dans la salle à manger.
S.I. Célia : je ne me rappelle pas ce que nous avons utilisé comme couteau à table, sans doute des couteaux à manche en plastique marron. Je ne me rappelle pas quel couteau était prévu pour papa.
S.I. Célia : nous avons aussi des couteaux tout en inox me semble-t-il, mais ce sont plutôt mes petites soeurs qui s'en servent.
S.I. Célia : je n'ai aucune idée de ce qu'on a pu manger au diner ce soir là.
LE JUGE à Célia : selon vous à quel moment votre maman a-t-elle quitté la salle à manger ?
S.I. Célia : je crois qu'elle est partie vers la moitié de la première partie du film, il devait être environ 21 heures 15 ou 21 heures 30. Elle s'est dirigée vers la cuisine. ELle n'a pas dit où elle allait ni ce qu'elle allait faire.
S.I. Célia : d'habitude la table est débarassée avant que le film commence. C'est souvent Maman qui s'occupe de ça. Il m'arrive de l'aider un peu. Il lui arrive de mettre les déchets aux chiennes quand il y a encore un peu de viande, autrement elle les jette. Je pense que le 4 SEPTEMBRE maman avait débarassé la table avant que le film commence. Je n'ai pas du tout regarder ce qu'elle faisait lorsqu'elle est partie, je regardais la télévision.
LE JUGE à Célia : selon vous où se trouvait votre maman lorsque vous étiez dehors ?
S.I. Célia : je pense qu'elle était dans le garage, en tout cas elle n'était ni dans la salle à manger ni dans la cuisine. Pendant que je me tenais devant la porte de notre garage, je n'ai entendu aucun bruit à l'intérieur et en fait je n'ai pas vu maman jusqu'au lendemain, cela me tourmente de ne pas savoir où elle était. C'est parce que j'étais tourmentée par cela que je ne suis pas parvenue à vraiment discuter avec Maman de ce qui s'est passé le 4 SEPTEMBRE 1994.

LE JUGE à Célia : lorsque vous étiez dehors après avoir vu Christian courir dehors, poursuivi par un homme, avez-vous entendu encore des bruits dans la maison de Christian.

S.I. Célia : oui, j'entendais distinctement des bruits un peu comme des meubles qu'on déplace , mais il n'y avait pas de cri ni de parole.

S.I. Célia : il m'arrive quelque fois d'avoir des mouchoirs en papier sur moi mais si c'est surtout que je vais travailler à la ferme ou quand je suis enrhumée. Le soir du 4 SEPTEMBRE, je ne pense pas que j'avais de mouchoir en papier sur moi.

S.I. Célia : quand j'étais près de la boite aux lettres je n'ai pas du tout regardé sur la route, d'ailleurs il faisait noir et je n'ai pas vu du tout de traces de sang. Je ne faisais que regarder ce qui se passait devant le garage de chez Christian et je voyais puisque la lumière au dessus de la porte d'entrée était allumée. Cette lumière n'était pas assez forte pour éclairer jusque sur la route.

LE JUGE à Martine LEPRINCE : Votre fille Célia vous avait-elle fait part avant aujourd'hui de ce qu'elle a vu ce soir là ?

S.I. Martine : Elle m'a dit qu'elle avait vu son père taper Christian devant la boite aux lettres sans plus de précision. Elle m'a dit qu'elle n'avait rien dit et qu'elle était rentrée à la maison. Nous n'en avons jamais discuté en tête à tête. Il y avait toujours d'autres personnes de la famille avec nous et quand j'essayais d'aborder la question elle se dérobait.

S.I. Célia : c'est exact,

LE JUGE à Célia : avez-vous entendu votre mère dire "arrêtes arrêtes" alors que vous étiez dehors ?

S.I. Célia : non je ne l'ai pas entendue.

LE JUGE à MARTINE : avez vous vu Célia votre fille alors que vous étiez dehors ?

S.I. Martine : non je ne l'ai pas vue.

LE JUGE à Martine : comment expliquez-vous que Célia ne vous ait pas entendue crier "Arretes Arretes" alors que vous dites l'avoir crié près de la boite aux lettres (D.134).

S.I. Martine : je ne sais pas, je n'arrive pas à me rappeler autre chose, je dois dire que depuis je n'arrive pas à me rappeler de tout cela, malgré mes efforts. J'ai pu avoir vu plus de choses mais je n'arrive pas à m'en rappeler. Je dis ça aussi parce que ce n'est pas normal d'avoir eu aussi peur en voyant la feuille de boucher à la télé, alors que c'est un instrument que je connais bien. Je ne voulais pas que cet instrument reste chez moi et c'est pour ça que j'ai voulu appeler les gendarmes.

LE JUGE à Martine : est-il possible que vous ayez crié "Arrêtes Arrêtes" avant que Célia sorte de votre maison ?

S.I. Martine : c'est possible mais je ne conteste pas ce qu'a pu voir et entendre Célia ce soir là.

Spontanément Célia : je crois que si maman avait crié arrêtes arrêtes avant que je sorte de la maison, je l'aurais entendu, mes petites soeurs m'auraient demandé d'aller voir. Le son de la télé n'est jamais très fort. Et avant que je sorte de la maison, je n'ai pas entendu de cris dehors.

S.I. Célia : lorsque je suis sortie, j'ai entendu des cris. Plusieurs personnes criaient en même temps, je ne sais pas si c'était des cris d'hommes ou des cris de femmes mais en tout cas aucun mot n'était prononcé

S.I. Célia : personne ne criait "arrêtes arrêtes".

S.I. Martine : j'ai rencontré plusieurs fois un psychiatre parce que je ressentais le besoin d'un soutien médical, je ne sais pas si je vais continuer. J'aurais besoin de quelqu'un qui interviendrait plus que ce médecin qui m'écoute surtout. Je ne prends plus de médicaments et je voudrais pouvoir me souvenir de plus de choses mais je n'y parviens pas. Je sais que mon mari m'accuse maintenant mais je ne vais pas inventer quelque chose. Je ne me rappelle pas c'est comme si mon esprit était bloqué.

Lecture faite, les témoins persistent et signent avec nous et le greffier.

Où est la parfaite concordance ? Outre le fait que Célia n'ait pas revu sa mère jusqu'au lendemain matin, toutes deux racontent toujours la même horreur, toujours du même endroit, toujours au même moment et elles ne se voient toujours pas ? Ne s'entendent toujours pas ? Question lancinante : qui peut être dans la maison de Christian en train de massacrer Brigitte et ses fillettes pendant que Dany est censé frapper son frère ? Et puis, Célia nous livre une incohérence de taille : elle dit avoir vu son père tirer le corps le long de la haie de thuyas jusque dans la maison de son oncle. Si la description du trajet du corps colle au constat, Célia oublie que son récit est impossible pour deux raisons majeures. Pour voir cette scène, elle devait obligatoirement se déplacer jusque devant la maison de Christian, alors qu'elle dit les avoir vus tous deux près de « la boîte aux lettres » ; de plus, le corps n'a pas été directement tiré jusque dans la maison, mais a séjourné un moment, c'est certain, derrière la haie avant d'être à nouveau tiré.

Reprenons la dernière version de Martine Leprince. Elle dit que Solène a du sang sur elle. Nous savons que pas la moindre souillure n'a été relevée sur la poignée, sur la moquette, ou dans le lit de la petite. Est-il possible qu'elle ait eu du sang sur elle sans rien salir, même pas ses draps ?

Si Martine veut vite soustraire Solène à la furie

du monstre, peut-elle prendre le temps de la laver dans sa salle de bains, sous les yeux de Dany devenu fou ? Elle emmène la petite chez ses beaux-parents. Et elle abandonne ses propres filles à la merci d'un tueur en furie ?

Les parents Leprince ont toujours affirmé qu'ils n'avaient jamais vu Martine ce soir-là. Toujours est-il que, selon elle, Renée lui demande de ramener Solène pour sauver Dany. Elle s'exécute. Le fait d'aller remettre dans le charnier cette pauvre gosse, ça peut sauver qui ? Martine Leprince aurait fait quelques allers-retours en plein massacre. Combien de fois ? Selon son récit, elle est entrée au moins deux fois dans la chambre de Solène. A-t-elle pu ne pas laisser la moindre trace de pas ? Martine endort l'enfant et s'en va rejoindre Dany. Elle abandonne une gosse de deux ans au milieu des cadavres des siens pendant toute une nuit ? Elle dit avoir changé Solène le soir. Et le lendemain matin son pyjama est encore propre comme un sou neuf, pas la moindre souillure ?

À 2 h 30, elle dort à côté de Dany ; elle est réveillée par la sonnerie du réveil, elle le remonte sur 6 h 30 et se rendort. Dans la maison d'en face, à quelques mètres, les gisants ne se réveilleront jamais, elle le sait. Dany est parti, il ne peut plus lui faire peur : n'aurait-elle pas l'occasion, et même le devoir, d'alerter, de prévenir les secours ?

Dany ayant dit aux gendarmes, dans ses fameux

« aveux », que Martine lui avait reparlé de cette dette de vingt mille francs et qu'il avait ruminé dessus, elle va encore « flasher » : elle était dans le garage pour lui en parler lorsqu'il est arrivé ! Il ne mange plus, ne rentre même pas dans la maison, il court chez son frère. Elle entend crier, elle le voit frapper Christian, elle court chez sa belle-sœur, tout le monde est mort. Dans ces conditions, le massacre aurait été commis en quelques secondes.

Il faut tout de même reparler de ces fameuses traces de pas, qui sont nombreuses. Dans ses déclarations, Martine peut justifier des traces qui « enjambent » les corps. Or, les premiers constats relèvent des piétinements, ce qui ne colle plus avec un simple passage.

Dans ses déclarations concernant la découverte de l'horreur, Martine affirme constamment qu'elle « avance dans le couloir, jusqu'à l'entrée de la cuisine », puis qu'elle découvre le corps de Brigitte ; elle doit forcément passer par-dessus le corps de la petite Sandra, qui est en travers, dans le couloir, juste entre les portes de la salle à manger et de la cuisine. Nous savons que le corps de Sandra n'a pas été déplacé, Martine aurait donc obligatoirement dû le voir en premier. Pour voir d'abord Brigitte, une seule hypothèse possible : entrer par la porte de communication avec le garage. Pourquoi pas une seule fois, au cours de l'instruction comme lors de la reconstitution, ce réel problème n'a été relevé ?

Immédiatement après le drame, alors qu'elle est la seule à connaître l'horreur encore dissimulée par une porte entrouverte, Martine s'attelle à faire des lessives. Nous le savons, Dominique Rizet, alors à *France-Soir*, a fait photographier plusieurs vêtements séchant sur les cordes à linge. Ensuite, tranquillement, elle grimpe sur son tracteur avec Célia, qui elle aussi est au courant.

Cela soulève une autre question : leur attitude, constatée par tous les témoins présents, est-elle normale et fiable puisqu'elles vont orchestrer le « jeu de la découverte terrible » devant toutes ces personnes sur le lieu de la tragédie ?

Je ne suis pas un mercenaire ni une machine à fabriquer les innocents. Ce qui m'intéresse, c'est la vérité, quelle qu'elle soit. Même si elle dérange, je la préfère à un beau mensonge qui fait plaisir à tout le monde. Je ne suis qu'un fidèle rapporteur d'éléments et de témoignages. À chaque mot sa preuve. Et où est-elle, la vérité, dans cette tuerie, traitée à peu près comme un vol de poules ? Dans les déclarations de Martine ? Dans celles de Célia ? Celles de Mmes Hatton et Froger ?

Je suis un justiciable affolé et en colère, avec une première vérité certaine : dès le début, tout a misérablement foiré. Nous sommes déjà devant un incroyable gâchis, la faute à qui, à quoi, ce n'est même plus le vrai problème mais une sinistre évidence. Car le gâchis est là, insultant, surtout pour les victimes.

Devant ce monceau de graves objections et d'attitudes tant contredites, qui peut jurer de qui a fait quoi ?

À mon avis, seul Dany Leprince peut s'extraire de toute culpabilité.

Ses bribes d'« aveux », que j'affirme avoir été extorqués, voilà comment Dany Leprince me les explique : « J'étais à bout, épuisé, j'entendais une fille crier, j'ai pensé à Célia, les gendarmes me martelaient que je frappais mon frère avec une feuille de boucher, que Martine me criait “Arrête !”, que j'avais porté cette feuille de boucher à ma mère. C'est ce qu'ils voulaient entendre pour que ça s'arrête. Alors j'ai dit ça, certain que l'enquête trouverait la vérité. Chez la juge, j'ai bien tenté d'expliquer, mais elle n'a rien voulu entendre. J'ai dit les mêmes conneries, toujours certain que l'enquête prouverait que je n'y étais pour rien. Ensuite, l'engrenage infernal... »

Combien de personnes ont craqué, avoué en pareilles circonstances dans l'histoire judiciaire ? Cent, mille, davantage ? Les exemples sont légion.

Cette sinistre affaire a lentement sombré dans une sorte de magma où les éléments démontrés s'enlisent, au point que je suis incapable de comprendre exactement le processus de ce désastre. Car c'en est un. Je ne suis qu'un humain qui ne peut pas entrer dans ce genre de dimension, à vous tyranniser l'encéphale jusqu'à vous conduire dans le plus proche « gagatorium ».

Marion, dix ans, et Pauline, six ans, certainement bien présentes pendant toute la tuerie, savent peut-être elles aussi. Si elles n'ont pas vu, ce dont nous pouvons douter compte tenu de la proximité des maisons, elles auraient dû entendre. À moins qu'elles aient été absentes au moment du drame ?

Marion est, pourrait-on dire, « approchée » par les gendarmes, qui constatent qu'elle se renferme et ne veut pas parler. Va-t-on la diriger vers un délicat spécialiste ? Non, ce sera tout pour elle.

Pauline ? On ne la calculera même pas, comme si elle était transparente. Mais peut-être avaient-elles des choses à dire ?

En revanche, Solène, deux ans, qui n'a rien vu et heureusement pour elle, est épiée et ses paroles interprétées jusqu'à devenir des pièces maîtresses de l'accusation.

Un chef-d'œuvre de manipulation diront les uns, une saine interprétation répliquera l'accusation. Vous en jugerez.

Dany est le seul à se morfondre en prison, d'où il clame toujours et encore son innocence. Dany sera le seul à être dans le box des accusés lui, l'homme le plus rapide du monde, le plus grand magicien de tous les temps ! En effet, pour qu'il soit coupable du massacre qu'il n'a jamais reconnu – sinon très partiellement concernant son frère dans les conditions que nous savons, avant de se rétracter –, il faut admettre qu'il soit possible à cet homme, en trois minutes et quelque six secondes tout au plus :

– d'assassiner avec un acharnement fou quatre personnes de sa famille, utilisant plusieurs couteaux et un instrument semblable à une feuille de boucher ;

– de tirer le corps de son frère jusque dans la maison ;

– de déplacer le corps de la petite Audrey ;

– d'éventuellement pratiquer la sordide mise en scène de la mèche de cheveux, parce qu'ils ont été coupés, non arrachés ;

– de mettre en évidence la vieille reconnaissance de dette, certainement pour signer son exploit sanguinaire ;

– d'avoir été capable de commettre tout cela sans laisser la moindre empreinte ;

– plus fort encore : d'avoir déposé des empreintes génétiques et des traces de pas qui appartiennent à d'autres ! Parce que ces traces, personnes ne peut nier qu'elles ne lui appartiennent pas.

On peut reprendre tout le dossier, toutes les versions, par tous les bouts, nous retombons toujours sur l'homme tout seul qui en trois minutes et six secondes a pu se rendre coupable de la tuerie de Thorigné-sur-Dué. Parce que l'on retombe toujours sur : il se lève de table... trois minutes et Martine prend son assiette... six pas jusqu'au garage... Martine entend Christian hurler...

En outre, au moment même où Martine découvre les corps suppliciés de Brigitte et de ses deux petites nièces, Célia entend des hurlements dans la maison de son oncle.

Sûr de mon fait, je me suis malgré tout adressé à mon amie Michèle Rudler, ancienne directrice des laboratoires de police scientifique de Paris. À vrai dire, dans notre association Action-Justice, elle est un garde-fou précieux. Elle dit : « Oui, il a un problème, on fonce. » Elle dit : « Là, c'est nickel : on s'écrase. » Elle est notre « tour de contrôle ».

Voici ce qu'elle me rapporte à propos de l'affaire Leprince : un homme n'a pas pu commettre le massacre tout seul. Déjà à cause des traces retrouvées sur les lieux. Concernant Dany, s'il était coupable, il devrait obligatoirement être trahi par des empreintes lui appartenant. Conclusion : difficile d'admettre qu'il le soit. Si l'on n'a fait que survoler le dossier, on peut au départ avancer une seconde hypothèse, ce que j'ai fait, selon laquelle il aurait peut-être tué son frère.

Le pauvre Christian n'est pas tombé sous une balle tirée de vingt mètres. Son ou ses assassins sont contre lui. Ils sont forcément éclaboussés de sang, des pieds à la tête. Et le jean de Dany, hormis une tache de rouille due au transport d'une vieille cuisinière chez les Malherbe, ne révèle rien, pas un indice, pas une trace, si infime soit-elle. Pourtant, cette tache de rouille nous montre bien qu'il s'agit du futal qu'il portait ce jour-là ! Ensuite, comme l'affirme Célia, il va traîner le corps directement jusqu'à l'intérieur, sans laisser la moindre trace sur les lieux ? Ni chez lui ? Nulle part ? Et à quel moment s'arrête-t-il derrière les thuyas puisque le corps y séjourne ? Et Célia, où aurait-elle été située pour voir cela ? Dans sa cour ? Alors que l'entrée de la maison de son oncle est à l'opposé par rapport à la sienne ?

Dans les récits de Célia et de Martine, on oublie aussi que deux armes ont été utilisées par le ou les assassins de Christian – nous allons y venir. Zappé, comme certains scellés. Et pourtant, l'importance n'est pas négligeable : à ce stade, elle écroule déjà toute l'accusation.

J'ai tout essayé pour tenter de mettre Dany Leprince « dans la boîte ». Sans y parvenir. Je n'ai pas la vivacité d'esprit et la compétence de Mme Céline Brunetière, parce qu'elle y parvient parfaitement. Son dossier est ficelé, la messe est bien dite : Dany Leprince va être propulsé, seul, devant la cour d'assises, pour répondre d'odieux assassinats.

Pourtant, lorsqu'on connaît tout le dossier, épluché dans ses moindres détails, on peut affirmer que les monstres ne se sont pas rués pour tuer mais se sont acharnés pour décimer toute la famille de Christian Leprince. Et j'ai de bonnes raisons de penser que si Dany était arrivé une demi-heure plus tôt, en plein carnage, lui aussi aurait été haché, mutilé à mort.

10.

Réquisitoire et procès-fleuve

Jeudi 11 décembre 1997. Le temps que les jurés soient désignés et installés, le greffier se lève et, d'une voix monocorde mais audible, va lire ce que l'on nomme « l'arrêt de renvoi ». Il s'agit d'une sorte de compilation surréaliste qui semble me raconter une autre tragédie, comme si elle était issue d'un autre dossier. Concernant les principaux arguments et pièces dites consistantes : un brouet, un mixage contorsionniste qui collationne les contrevérités, utilise des propos rétractés et des faits supposés, dans tous les cas non formellement établis. Le reflet exact du dernier paragraphe de cette page 40 dudit arrêt qui assène :

« En tout cas, il est constant que Dany Leprince a reconnu les meurtres de son frère Christian, de sa belle-sœur Brigitte, et de ses deux nièces Sandra et Audrey. »

Les bras m'en tombent. C'est de l'escroquerie

judiciaire de haut vol ! Sauf que les jurés, eux, ne savent rien du dossier, de ses méandres et de ses secrets.

Les jours d'audience, une parade sarcastique dans laquelle s'affrontent le verbe et les effets de manche. Le tout emballé dans un décorum inquisitorial, dont les acteurs parent leurs robes de fausse hermine mais de vraie peau de lapin.

Nelly Hatton, la brave nounou, vient porter par la force de ses trémolos la parole de Solène. Elle est cramponnée à la barre des témoins, elle est au centre de l'histoire, tous les yeux sont rivés sur elle, chacun boit la moindre de ses paroles. Dans la salle, Patricia, la tante qui élève la petite, est aussi choquée qu'époustouflée par les prétendus souvenirs de Solène et par le fait que l'on parle et interprète à sa place. L'avocat de la gamine est bien présent, il assiste, il intervient... Mais a-t-il lu le dossier ? A-t-il sollicité les éducateurs et enseignants qui encadrent Solène à présent ? Sont-ils venus à la barre, pour évaluer exactement les fameux souvenirs ? Non. Parce que, au moment du procès, Solène a-t-elle vraiment quelque chose à raconter ? De toute façon, sa parole est confisquée... et elle ne se souvient de rien. Pourtant, le Dr Daligand dit que Solène a tout vu, tout raconté, tout dessiné toute seule, sans la moindre suggestion.

Ce qui est un peu gênant, à propos des experts intervenants, c'est qu'ils ont, pour la plupart, prêté en fait deux serments que je pense contradictoires et même incompatibles : l'un aux dévotions d'Hippocrate, l'autre à la justice, dont les intérêts ne convergent pas toujours.

Nicolas Poincaré se souvient justement d'un expert interpellé par un avocat dans l'affaire d'Outreau, qui lui demande si un enfant peut mentir et auquel il répond : « Les couleurs n'ont pas de poids, pourtant, demandez à un gosse qui pèse le plus lourd, le vert ou le rouge, et il vous répondra le rouge. »

Mon Dieu, quelle horreur, tout ça, pensent les jurés. Les cours d'assises sont quand même de drôles d'endroits. On y crie, on y gesticule, on y murmure. On cherche prétendument la vérité à pas feutrés et, paradoxalement, c'est là que les pires mensonges, quelquefois, se parent de sceaux sacralisés.

Et Martine Leprince ? Lorsque Me Jean-Louis Pelletier, l'avocat de Dany Leprince, va la pousser dans ses retranchements, elle, la femme surnaturellement forte, va faire le second malaise de toute sa vie, après celui de sa garde à vue. On apporte une chaise, un verre d'eau. Plus de flashs, blocage complet. Mémoire en berne. On ferme.

Murmures dans la salle : « Pauvre femme, comme on la comprend, avec tout ce qu'elle a enduré. » Et Martine Compain s'en retourne vaquer à ses occupations...

Célia, la fusionnelle, s'avance, bien raide, vers la barre et livre sa déclaration : elle a bien vu son père frapper son oncle, et ça pèse lourd ! « Je n'ai pas vu ma mère jusqu'au lendemain, ça criait quand... »

Dany Leprince et son avocat peuvent bien gesticuler : trop tard.

Et cette reconnaissance de dette, de dix mille francs, remontant à 1986, bien en évidence sur le bureau de Christian, on ne peut tout de même pas croire que c'est Dany qui a fouillé dans les tiroirs pour l'exposer ? Alors qui ? Pouvait-elle être là par hasard ?

Brigitte a-t-elle pu avoir une discussion à propos d'argent qui l'a poussée à exhiber la dette ? Si oui, avec qui ?

Dany, à présent, s'agite, tempête, brasse du courant d'air avec ses grands bras. En vain, tout est trop tard. Me Jean-Louis Pelletier va s'engager dans une remarquable plaidoirie, assénée, étayée. Trop tard. Avant, bien avant peut-être, mais aujourd'hui, il est forcément trop tard.

L'avocat général, Me Thin, avec son dossier bien calé devant lui, va planter un réquisitoire d'anthologie. Il va évoquer un monceau de doutes qui, additionnés, vont devenir une certitude, la sienne. Il n'a pas à forcer ses effets de voix et de manche. Pourtant, il a bien insisté sur les témoignages de

Martine et de Célia. Elles ont bien vu, c'est sûr, Dany frapper son frère avec une feuille de boucher. Et il enfonce bien le clou sur cette feuille de boucher, dont la seule évocation fait frémir toute la salle. Mais il oublie, comme tout le monde depuis le début de l'affaire, qu'un truc important, en plus des contradictions, ne colle pas du tout à leurs récits. Pire, les dégomme littéralement : tout comme le fameux bouton retrouvé sur les lieux, un méchant coup de couteau s'est volatilisé ! Et si l'on n'en reparle jamais, c'est peut-être parce qu'il démolit gravement la « logique de ces témoignages ». Et puis, ça ferait peut-être mauvais effet auprès des jurés. Des fois qu'il y en ait un qui se mette à poser de vraies questions.

En effet, dans un P-V de synthèse du capitaine Lembert, datant du 11 septembre 1994, nous retrouvons la description des blessures de Christian. Blessures provoquées par une feuille de boucher. Une horreur indescriptible. Et dans le même descriptif, que trouve-t-on ? Cela a dû échapper à l'avocat général dans sa lecture acharnée du sujet... Une description d'une seconde blessure occasionnée par « un objet plat, droit et piquant dans le bras gauche de Christian Leprince, d'une longueur de douze centimètres et de trois centimètres et demi de largeur ». En clair, il ne peut s'agir que d'un couteau de boucher professionnel, du genre utilisé pour l'abattage et le désossage.

La victime porte donc les blessures de deux types d'armes blanches. L'instruction, la reconstitution, tout comme la cour d'assises n'ont jamais évoqué cette seconde arme.

On ne peut même pas supposer le fait que Christian aurait été blessé chez lui avant de s'enfuir en direction de la maison de son frère, parce que, sur la route, cette plaie qui devait saigner abondamment n'a pas laissé la moindre trace. Non, ce coup dans le bras a été porté à l'endroit où il s'est affaissé, devant la boîte aux lettres de Martine et Dany Leprince.

Ce qui signifie que le meurtrier tenait un grand couteau d'une main et une feuille de boucher de l'autre, frappant quasi simultanément. Cela peut aussi dire que Christian a été victime de deux agresseurs... ce qui semble plus plausible.

Donc Martine et Célia, qui ont « tout vu », n'ont pas remarqué « ce détail » du couteau, qui est loin d'être mince sur le déroulement des faits eux-mêmes... Quant à la trace de pas, d'un homme chaussé de Dr Martens, peut-on en donner davantage de caractéristiques ? La largeur exacte et surtout la pointure ? Selon les souvenirs de Mme la juge, ce serait du 41 ou du 42. Et puis, finalement, qui, quel énergumène de la pire espèce était campé dedans ? Qui, puisque cette trace n'est pas de Dany Leprince ?

16 décembre 1997. Le verdict couru d'avance tombe : perpétuité assortie de vingt-deux ans de sûreté.

Le monstre a payé pour les quatre assassinats ! On lui fait endosser l'entière responsabilité du massacre de Thorigné.

Évidemment, dans le secret du délibéré, photos des martyrs en évidence, quiconque relit simplement l'accusation décroche la timbale d'une culpabilité sans appel. À vous donner même l'envie de découper le tortionnaire avec une scie égoïne...

Sans appel, c'est d'ailleurs le cas, puisque à l'époque cette double juridiction n'est pas encore instaurée. Voilà « la chose jugée » et son mur inébranlable érigé. Le mobile de la folie meurtrière ? La jalousie et l'argent. On a beaucoup parlé d'achat de terres, de projets très courants d'air. La réalité reste que Dany pouvait avoir facilement recours à ses parents, ou à certains amis même, pour une histoire de vingt mille francs, sans qu'il « en devienne fou » au point de massacrer ce frère qu'il aime et sa famille qui le lui rendent bien. Ce n'est pas moi qui le dis, c'est l'ensemble du dossier.

En fait, cette lourde condamnation s'inscrit exactement dans cette certitude absolue : Dany Leprince est coupable d'avoir tué son frère, sa belle-sœur et deux de ses nièces, de la pire manière qui soit, pour une dette de dix mille francs et un refus de vingt mille francs pour régler une mutuelle. Le tout en trois minutes et six secondes. Sans laisser la moindre trace, mais capable de déposer des indices ne lui appartenant pas. Terrible constat : voilà l'exacte « vérité judiciaire », voilà ce que les juges et jurés ont estimé, en leurs « âmes et consciences », être la pure vérité.

Seul dans le box, Dany avait-il une chance d'être acquitté ? J'affirme que non, parce que cela roulait dans un bordel immonde et une certaine éthique judiciaire, atteignant jusqu'à la « moelle vive » de l'institution. Dany Leprince acquitté ? Cela signifiait d'abord que toute cette instruction n'était qu'un vilain soufflet, que les gendarmes avaient réalisé une enquête bidonnée, que, de ce fait, il n'y avait plus de coupable à présenter !

Ensuite, qu'il ne s'était peut-être rien passé à Thorigné-sur-Dué. Impensable.

Tout de même, dès le lendemain, la presse soulève les ombres et incohérences restées dans le sillage d'une multitude d'énigmes. Trop tard.

Ajoutant un drame dans le drame : deux tueurs, qui auraient dû être trahis par leurs empreintes, échappent du même coup au filet troué des gendarmes, ricanant sur les victimes, bien à l'abri de leur impunité. Encore trop tard, le bilan est insigne, indigne, insupportable, insultant, indécent à l'extrême. Une « justice échouée est passée ».

11.

Désespoir et chape de plomb

Renée et Robert Leprince sont effondrés. Ils ne comprennent pas. Ils viennent de perdre un autre fils, Dany. Alain, le plus jeune, est totalement désemparé.

Martine décrète qu'ils ne verront même plus leurs petites-filles Célia, Marion et Pauline. Interdit. Elle va vendre le cheptel de cochons avancé par ses beaux-parents – deux cent mille francs sur lesquels elle n'a remboursé que six mille francs. Ils n'en verront pas la queue d'un radis noir. Elle va tout bazarder en fait, de son élevage de lapins au matériel agricole de la ferme. Ses beaux-parents n'auront ni vue ni compte sur rien. Elle réglera les dettes et, même si l'on peut supposer qu'elle possède un reliquat substantiel, elle va vivre comme une pauvresse, en usine, n'ayant qu'une HLM pour se prélasser et une vieille Renault 11 asthmatique pour déambuler avec ses filles.

Les mamans Hatton et Froger ont gardé leur fière allure mais c'est fini, plus de marche médiatique sur laquelle faire du trampoline. Elles ont repris leur petit quotidien et sont devenues réticentes auprès des journalistes qui souhaitent les rencontrer. Toutefois, la nounou rencontre la petite Solène. Vu les terribles circonstances, à défaut d'en arracher la garde, elle a obtenu une espèce de droit de visite. La petite est devenue à nouveau calme et « sans souvenirs », puisqu'elle ne rapporte plus rien à sa nounou. Pas plus qu'à sa « maman Patricia » ou à la personne spécialisée qui l'encadre, d'ailleurs.

Céline Brunetière semble porter « son affaire » comme un fait d'armes, une chouette carte de visite par procuration des médias.

Les gendarmes s'emmerdent sûrement à nouveau dans leur casernement : à peine quelques vols de bicyclettes à se mettre dans le creux d'une carie. Certains sont installés dans une promo « hautement méritée ». Tout baigne, quoique Thorigné-sur-Dué ne semble pas apaisé pour autant. On se regarde, on chuchote. Non, personne ne semble convaincu. On voudrait savoir enfin.

Et les années vont passer ainsi, fissurées par les non-dits comme étouffés sous une chape de plomb, de laquelle s'échappent parfois quelques murmures.

Certains hommes et femmes de bonne volonté apportent leur soutien aux parents Leprince. Autour de la famille Hemonnet, cousins des

Leprince, des gens adorables, pas du tout convaincus de la culpabilité de Dany, se crée un comité de soutien qui s'attelle au volumineux dossier. Certains vont s'empresser d'aller visiter Dany à la centrale de Poissy pour lui poser mille et une questions. Personne ne parvient à l'imaginer un seul instant dans le très sale costard du coupable. Et le montage de cet inimaginable dossier ne fait que renforcer ces gens dans leur conviction que Dany est innocent.

12.

Le premier signe

Tous essaient de se battre mais ne savent pas comment. Il faudra des années à Renée Leprince pour me faire le premier signe, via Action-Justice, que je préside. Elle a appris notre existence par les médias et elle s'est adressée à un détective, qui à l'époque se voyait confier quelques enquêtes pour notre association. Et dans la presse cela se savait, il faisait le nécessaire.

Comme les parents Leprince ont une affaire de fric à débroussailler, sur l'instigation du détective, c'est d'abord vers une de ses amies avocate qu'ils sont dirigés. Mais cette avocate ne sera jamais désignée pour prendre en charge l'affreuse affaire criminelle.

À cette occasion, je suis informé de l'affaire Dany Leprince mais reste horrifié. J'ai le souvenir encore en plein cœur de ce douloureux massacre. Je freine des quatre fers. Pour moi comme pour tant d'autres, « la justice est passée », bien passée.

Pendant deux ans, le dossier va rester somnolent chez le détective. Les parents Leprince répondent à ses convocations dans les bars huppés de quelques hôtels chicos parisiens. Ce qui les dépayse un peu de leur étable bien bousée. Il les balade donc, pour leur apprendre qu'il n'a rien à leur dire ou qu'il est malade, en leur soufflant en pleine bouille les bouffées de son havane. Sur l'affaire elle-même, il fera un petit tour, nous accompagnant en dilettante, un autre en gesticulant devant les caméras. Une bonne pincée d'euros dans ses fouillettes et la famille Leprince va finir par le remercier en bonne et due forme. Mais ce monsieur, autoproclamé « spécialiste de la contre-enquête », victime d'un redressement judiciaire pour quelque deux cent cinquante mille euros de chute libre, via Internet, va revendiquer son « enquête magistrale ».

J'ai tout de même quelques pièces essentielles à consulter. Toujours à reculons, je m'y plonge, ou plutôt je m'y scotche. Les bribes d'aveux extorqués, la première comparution... Je suis déjà gavé. Sur le pont, toutes ! Marie-Jo, mon être indispensable, ma femme, boucle nos valises et en route pour Thorigné-sur-Dué. Elle en a vu, des dossiers, mais comme celui-là, où tout s'emboîte au plus mal, jamais. Nous sommes bluffés. Je suis déjà convaincu qu'un magistrat, non pas une épée mais, tout simplement, un petit consciencieux, aurait pu éviter ce désastre.

Nous arrivons de Valence, cassés en deux après quelque huit cents bornes d'affilée. Renée et Robert Leprince habitent aujourd'hui une coquette petite maison, presque à la sortie du village, nichée au fond d'une cour. Ils nous parlent avec leurs mots saccadés, leurs éclats de chagrin. Ils nous crèvent le cœur. Tant d'horreur sur leurs épaules ! Ils n'ont pas grand-chose à me dire pour me convaincre que l'enquête des gendarmes est une grosse catastrophe. Le dossier, on le connaît à fond. Les témoins oubliés, ils en ont dressé la liste. Il ne reste plus qu'à lire et à suivre. Au pied levé, le cabinet Chambon va prendre en charge les premiers méandres alambiqués du dossier.

Nous sommes tous remontés à bloc. Déjà prêts et organisés pour le grand baston. Parce que ça ne va pas péter tout seul ! Déjà que pour reconnaître une erreur sur un vol de caramel la justice serre les fesses, voyez-la sanglée de chasteté dans une telle affaire. Faudra compter sur les tirs de barrage !

13.

Contre-enquête bien tranquille

Pour la mise en place de nos investigations, il n'y a pas de quoi se faire péter les neurones. Le terrain a été abandonné, en friche, par nos gendarmes, supervisés par Céline Brunetière.

Une rumeur persistante accordait deux relations extraconjugales à Martine. L'une visait un gendarme, ce qui expliquerait peut-être le résultat de l'enquête fouillée qui a conclu que : « Au regard de sa morphologie, elle n'avait pas d'amant ». Remarque sans intérêt et sans aucune cohérence. Pourtant, le nom d'un militaire du cru est bien cité par pas mal de gens, mais pas vu pas pris. Je l'abandonne à la rumeur.

L'autre vise le très intime de la famille, M. Bobet. André Lhermitte témoigne l'avoir surpris en compagnie de Martine. Selon notre témoin, c'était dans une grange où il allait récupérer quelques outils, un mois avant le massacre. Choqué, il est reparti sur la pointe des pieds. André Lhermitte est malheureusement décédé depuis, emporté par la maladie. Mais le témoignage de cet homme strict et rigoureux a laissé des traces écrites. En fait, cette scène obscène le tourmentait.

Il y a un autre épisode troublant dans la vie de M. Bobet, qui se dit sensible : la fille de l'une de ses anciennes maîtresses l'accuse aujourd'hui de l'avoir violemment giflée, sans raison, un soir de Noël. Et qu'il appelle sur son portable, encore récemment, pour lui dire qu'il est « emmerdé par rapport à l'affaire Leprince », qu'on le dit « violent et méchant », ce qui peut être interprété comme une menace voilée.

Et la mère de cette jeune fille, que nous rapporte-t-elle ? « À cette époque, il s'affichait avec moi et je le soupçonne de m'avoir utilisée pour cacher sa liaison avec Martine. Je l'ai d'ailleurs surpris avec une carte de vœux qui provenait d'elle. Il avait des comportements très violents envers moi et il me terrorisait. Je ne devais pas parler de l'affaire et il me menaçait de représailles si je le faisais. En fin d'après-midi, le soir du drame, il est venu avec Marion et Pauline pour les garder chez lui, j'ignore quand et à quelle heure il les a ramenées à Martine...

La mère et la fille vivent modestement dans une petite cité coquette. L'intérieur de leur maison est soigné. Elles font preuve de réserve mais pas de timidité et semblent soulagées de ne pas avoir eu la visite de M. Bobet depuis juillet 2006, à cause des remous de l'affaire. Son ancienne maîtresse me remet une photo de son amant puis, comme sa fille, persiste et signe. Je pense qu'à propos de la garde des filles Leprince elle peut confondre avec le soir du 7 septembre, où il en a effectivement la charge, pendant que la famille est en garde en vue. Mais peut-être pas. Il faut s'en assurer, parce que, de chez M. Bobet, les gamines ne pouvaient en effet rien voir ni rien entendre. Mais pourquoi se seraient-elles trouvées chez lui ?

Et si les jurés avaient eu connaissance de ces deux témoignages accordant au moins un amant à Martine, n'auraient-ils pas eu une approche différente du dossier ? Parce qu'à l'époque elle jurait ses grands dieux que Dany était son seul et grand amour, qu'elle ne l'avait jamais trompé.

À moins que tous ces gens mentent, M. Bobet mérite quelques vérifications, parce que trop de questions se posent !

Souvenons-nous : la sirène hurle le drame le 5 septembre au matin. M. Bobet ne se précipite pas sur les lieux pour apporter son concours à ses amis. Et jusqu'au 7 au soir, il ne va pas même pas les voir pour un geste de soutien ? Il faut que Martine lui téléphone pour qu'il vienne et se manifeste ? À l'enterrement, tout le village est là, sauf lui ! Il se dit trop sensible pour assister aux funérailles... beaucoup moins si l'on en croit certaines femmes.

Je n'accuse pas ce monsieur d'autre chose que d'avoir été un peu plus proche de Martine que ce qu'on a bien voulu dire, selon des témoignages fiables. Ce qui, forcément, implique des vérifications. Ne serait-ce que pour le disculper totalement, définitivement et l'éloigner des rumeurs qui se sont mises à circuler et lui « emmerdent la vie », selon ses propres termes.

Mais le témoignage le plus insolite va venir de Mme Rouxel, chirurgienne-dentiste au Mans. Elle nous contacte suite à une première conférence de presse. À l'époque, elle s'est manifestée auprès des autorités, mais rien n'a bougé. Il faudra des années et quelques remous pour que l'on daigne l'entendre. Voici ce qu'elle nous apporte :

Un soir de Noël, juste après la condamnation de Dany Leprince, un dénommé Laurent Rousseau lui téléphone dans la soirée. En fait, il se trompe de numéro, il pense être à la gendarmerie, en effet, à un chiffre près, c'est le même. Mme Marie-France Rouxel lui explique qu'il se trompe, mais l'homme insiste alors pour lui faire une étrange confession : Dany Leprince est innocent. Il a assisté à son procès, sûr qu'il serait acquitté. Il ne s'est pas manifesté car il y avait trop de policiers et de journalistes. Il est en indélicatesse avec eux. Au moment du massacre, il est sur les lieux. Il fait des travaux d'électricité au noir, dans le grenier. Il entend d'abord, dans l'après-midi, des éclats de voix : une violente dispute entre Martine et Brigitte pour une question d'argent. Plus tard, des cris, des hurlements, puis, au bout d'un moment, le silence. Il descend par un escalier escamotable. Il voit Brigitte massacrée, qui, selon lui, ne serait pas encore morte. Il découvre Sandra et Audrey « hachées ». Il dit n'avoir jamais vu une telle boucherie, même lorsqu'il crapahutait dans l'armée. Il va vite dans la chambre de Solène, qui est là, vivante. Il prend en hâte du rechange et emmène « la puce » avec lui dans le grenier. Il entend à nouveau des voix. Il précise qu'il y en a trois ou quatre différentes. Il garde la petite toute la nuit sur un matelas. Elle l'appelle papa. Le lendemain matin, aux premiers bruits, il la ramène dans sa chambre après l'avoir changée. Il retourne dans son grenier, entend les gendarmes qui ne montent pas. Il attend leur départ et s'enfuit par un vasistas, puis par une descente de gouttière. Il est fier d'avoir sauvée « la puce ».

Mme Rouxel a tout noté de cette conversation, qui a duré une heure vingt-neuf d'après le relevé France Télécom.

Sauf que les horaires qu'il donne sont fantaisistes. Il parle de fin d'après-midi, par exemple, alors que nous savons que les victimes s'apprêtent à aller dîner chez les parents de Brigitte. Mais on peut tout de même penser que, vu les circonstances et les plus de soixante minutes de conversation, il y a tout même une place à quelques confusions. À plus forte raison lorsque notre homme avoue un grand penchant pour la picole. Cela dit, il parle de grenier alors que tout le monde, y compris les journalistes, ignorent qu'il existe ! Moi aussi, je l'ignorais, nous étions tous braqués sur les combles. C'est lui qui le révèle, justement il existe, à notre grand étonnement ! On y accède par un escalier escamotable, autre révélation. Des gaines électriques sont bien visibles et remontent juste à la période des travaux d'aménagements que les occupants n'ont pas eu le temps d'achever. « La puce », c'est bien le surnom de Solène, seulement connu par le proche entourage. Le vasistas ? En fait un des Velux qui insupportait Martine par ses reflets. On y accède par un passage du grenier aux combles qui tombe pile dessus. Juste en alignement, le chéneau, que l'on peut utiliser pour la descente, même pas périlleuse puisque le toit n'est pas très haut.

Selon ses dires, Laurent Rousseau voit d'abord Brigitte. Normal, puisqu'il accède à la maison par la porte communiquant avec la cuisine. Il voit ensuite les pauvres fillettes mais pas le corps de Christian, gisant peut-être derrière les thuyas. Puis à nouveau des voix et des bruits. Ça colle.

Le problème, lorsqu'on rencontre Laurent Rousseau, c'est qu'il est devenu totalement amnésique. En fait, il a voulu se faire mousser, dit-il, après un soir de bibine. Tout ça, il l'avait lu dans la presse. Mais en dehors du fait que la petite était propre, comme si elle venait d'être changée, tout le reste ne peut relever que d'une phénoménale télépathie ! Lorsque Christine Corre, de *Ouest-France*, lui demande : « Le surnom... “la puce”, personne n'en a parlé ? », il répond : « Je me souviens que j'appelais ma fille comme ça. » Et pour l'escalier escamotable ? « Je crois me souvenir que mes parents en avaient un chez eux... »

À moins d'être l'extralucide le plus pointu de l'univers je ne vois pas comment il peut décrire exactement des lieux qu'il ne connaît pas. Nous avons photographié et vérifié. Ses révélations sont exactes. Au millimètre près.

Souvenons-nous encore. Pour rentrer dans le garage, les gendarmes cassent un hublot de la double porte extérieure, fermée de l'intérieur. Ils ne retrouvent pas les clefs, et la porte d'accès, qui communique avec la cuisine, est également verrouillée de l'intérieur. Cela veut dire que quelqu'un l'a fermée et que la personne, lorsque les gendarmes entrent par effraction, doit être là, prisonnière de son propre tour de clef. Et si elle n'est pas là, c'est bien qu'elle s'est peut-être échappée par quelque moyen ! Rousseau, qui est resté en planque dans le grenier jusqu'à l'arrivée des gendarmes, déclare que ces derniers n'y sont pas montés, il les a entendus fouiller dans le garage ! En effet, l'escalier escamotable est là, juste au-dessus de leur tête, et non seulement ils ne le voient pas, mais en plus ils vont s'atteler à dresser l'inventaire du congélateur.

Un quidam, ce Rousseau par exemple, partant du grenier, va déposer Solène dans sa chambre pour s'enfuir ensuite ; quel trajet doit-il obligatoirement effectuer s'il ne veut pas être vu ? Il passe la porte de communication avec la cuisine, qu'il ferme à clef pour couvrir sa fuite, il emprunte l'escalier escamotable et le retire. Il est tapi dans le grenier, il attend, le Velux est là, le chéneau pile dans l'axe, seule issue possible. Et en supposant que des gendarmes soient encore en faction devant la maison, ils ne peuvent pas le voir sortir par cet accès dérobé, qui colle encore pile avec ses descriptions !

Son récit extraordinaire peut, à lui seul, lever le voile sur l'énigme Solène. Rousseau donne l'explication de la propreté de la petite : il vient de la changer, et le fait qu'elle ait miraculeusement échappé au massacre.

Dans tous les cas, c'est certain, ce M. Rousseau connaît forcément les lieux et l'intimité de Brigitte et Christian. En quelles circonstances ?

Ce serait sympa qu'il nous éclaire.

Maintenant, qu'il ait la trouille des tueurs toujours en liberté, qu'on lui ait dispensé quelques sages conseils, cela reste dans le domaine du possible !

14.

Aujourd'hui, les vrais souvenirs de Solène

Parlons de Solène, qui a maintenant quatorze ans. De quoi se souvient-elle aujourd'hui ? De rien. De plus rien, depuis le 26 juin 1996, jour où elle est entrée en garde définitive chez sa tante Patricia. Alors que le 18 avril 1996, auditionnée chez la juge, elle se souvenait encore de tout, du pire. En deux mois, sitôt sortie du domicile de sa nounou, elle n'a plus le moindre souvenir. Et que dire alors de ses bavardages, de ses gestes, de ses dessins chez les dames Hatton et Froger, dont les « souvenirs rapportés » sont aujourd'hui contredits par la principale intéressée ? Comment et pourquoi, dès l'instant où elle entre dans sa famille, un couperet semble subitement sectionner sa mémoire ? Désolé, mesdames, mais par votre voix Solène a endossé de lourdes responsabilités ; je souhaite qu'un jour elle réclame la collection de ses souvenirs rapportés avec quelques explications.

Patricia, dans l'épaisseur des assises, a été choquée que l'on parle à la place de la petite Solène. Elle savait déjà que Solène ne se souvenait de rien !

Aujourd'hui, perturbée par quelques articles de presse qu'on lui apporte à l'école, elle aimerait bien savoir.

Sa tante Patricia est assistante maternelle. Tout un coin de sa salle de séjour ressemble à une bonbonnière. Elle veille sur Solène comme le ferait une mère. Évoquant les douloureux souvenirs, sa voix tressaute, sa gorge se serre. Les nôtres aussi. Avec Marie-Jo, nous sommes en face d'elle. C'est une femme très forte, qui a le ventre noué parce qu'elle n'a rien oublié. Elle porte le drame à fleur de cœur. Elle se ressaisit et témoigne :

« Dès l'instant où Solène est entrée dans la maison, elle a fait l'objet d'un encadrement et d'attentions particulières. Elle était suivie par un spécialiste, par des enseignants, à qui on devait signaler tout comportement suspect, propos ou dessin pouvant exprimer de la violence ou ayant un rapport avec le drame. Jamais rien. Elle ne s'est jamais souvenue de rien et n'a jamais rien exprimé de semblable, pas même par cauchemar. »

Je lui apprends qu'un expert a fait parler Solène à l'aide de dessins. Des petits bonshommes barbouillés de rouge. Elle fronce les sourcils et spontanément me dit : « On a dû lui tendre un crayon en lui disant de gribouiller un peu, pour faire plus joli. »

Mais il ne faut pas croire que la tante Patricia n'a pas tenté de remuer un peu la mémoire de Solène. Elle n'a pas dit : basta, on ne parle de plus rien. Mais elle a dû employer une autre méthode, plus pédagogique. Sur le drame lui-même, lorsque Solène arrive chez elle, elle n'a qu'un seul souvenir très flou, elle se voit vaguement dans les bras de quelqu'un, au milieu des gyrophares. Et ça, c'est parlant. Il s'agit d'une scène choquante et extraordinaire que Solène a imprimée inconsciemment et vaguement. Elle est choquée mais pas traumatisée. Et si elle avait passé la nuit auprès de ses sœurs et parents massacrés, comme le disent le juge et l'expert, dans quel état serait-elle en ayant imprimé l'horreur ? Ne se souviendrait-elle que des gyrophares ? Et lorsqu'elle dit au Dr Daligand : « Moi cachée dans grenier », ne serait-ce pas le second fait qui ait marqué son petit esprit ? Ce fameux grenier que l'on ne découvre qu'avec Laurent Rousseau ? Curieusement, cet unique et très vague souvenir n'a pas été exprimé chez les Hatton et compagnie.

Lorsque Patricia nous raconte comment elle est accueillie par Martine le jour du drame, l'indignation se mêle à la peine. On s'en souvient, complètement effondrée, abîmée par la terrible nouvelle, Patricia accourt ; et pendant que Célia repasse tranquillement, que ses sœurs regardent la télévision, le son à fond, Martine lui décoche ce sourire narquois qui l'a blessée à jamais.

Elle nous dit qu'elle n'a jamais eu la moindre connaissance de la procédure, mais elle nous apprend quelque chose qui nous étonne : mis à part Solène qui a eu un avocat d'office, ni elle ni personne de sa famille n'a été incité à se porter partie civile. Par souci d'économie d'indemnités ? Par crainte que cette famille de victimes planche un peu trop sur le dossier et n'apprécie pas ses graves incohérences ?

Si elle a cru Dany Leprince coupable, c'est parce que la justice le lui a dit, mais elle est ressortie du procès avec l'amertume d'un grand pan de vérité échouée. Elle parle posément, fermement, sans haine.

Aujourd'hui, pour la mémoire des victimes, pour Solène, pour elle et sa famille, elle souhaite vraiment la vérité, toute la vérité.

Et ces témoignages de Patricia qui rapportent fidèlement l'absence de souvenirs de Solène n'auraient-ils pas brisé l'épine dorsale de l'accusation ?

15.

Logique de guerre et de vérité

Lorsque nous nous engageons dans cette terrifiante affaire, nous sommes parfaitement conscients de la montagne que nous devons attaquer et franchir. La tâche semble insurmontable. Sauf que, forts de notre propre expérience, nous connaissons tous les mécanismes, tous les rouages que nous devons démonter. Nous entrons dans notre logique de guerre. Nous sommes incapables de laisser la justice dans cette impasse-là, souillée, fardée d'indignité. Cela signifie que nous ne céderons jamais. Jamais, jusqu'à ce que l'affaire Leprince explose enfin de toute sa vérité. Et elle promet d'être raide. Le chemin à parcourir aussi. Jusque dans le temps !

Pour briser la mythique « chose jugée », il faut que « la justice descende dans la rue » et alerte l'opinion publique. Dans le silence, tout se tait. Seuls relais : les médias.

Pour les convaincre et les mobiliser, il faut leur

apporter des éléments indiscutables et ne jamais leur mentir, sinon vous êtes morts, et l'affaire que vous soutenez aussi. Vous donnez un truc à un journaliste, il acte et note mais court fouiller, vérifier... Car votre parole n'est pas prise en compte directement, comme le fait Céline Brunetière ! Et c'est tant mieux, parce que vos affirmations prennent alors une double consistance en matière de vérité.

La logique de guerre est indissociable de la logique de la vérité. Conférence de presse ? OK. Mais avec du grain à moudre bien solide.

Sur le terrain, nous constatons immédiatement un avantage non négligeable. Les médias régionaux ne sont pas convaincus de la culpabilité de Dany Leprince et ils gardent un arrière-goût assez amer d'inachevé, de malaise.

C'est dans l'hôtel Mercure Batignolles du Mans que nous rencontrons, entre autres, France 3, Radio Nostalgie, *L'Écho sarthois*, Christine Corre, de *Ouest-France* et Philippe Lavergne, du *Maine libre*. Nous leur exposons nos premiers éléments d'enquête, nos motivations et notre détermination. Ils sont d'abord curieux, puis attentifs. La plupart, ayant bien suivi l'affaire, vont même nous apporter de précieux renseignements.

Le premier courant passe bien, celui de la recherche de la vérité. Philippe Lavergne, un pointilleux, va incriminer Martine Leprince dans un article. Il rapporte qu'elle a donné plusieurs versions, qu'elle a un amant avéré, qu'elle mouille dans l'affaire. À la veille du délai légal, *Le Maine libre* reçoit un « papier bleu ». Pour déposer sa plainte, Martine a attendu le dernier moment, c'est dire si elle hésitait. Elle a fait de même pour la retirer. Le journal produit les versions de Martine et le témoignage de M. Lhermitte, qui l'a vue et bien vue avec son amant. La veille de la convocation, Martine retire son assignation. Pourquoi ? Elle a pris connaissance des preuves à produire ? En fait, si cette attitude est sujette à interprétations, ses griefs mal fondés le sont aussi. Elle attaque sur le fait qu'elle n'a pas d'amant et qu'elle n'a donné qu'une seule version.

Dès l'instant où une affaire démarre dans la presse et dans les reportages télévisés, il ne faut rien lâcher pour ne pas qu'elle retombe dans l'oubli engendré par le tourbillon infernal de l'actualité. Tout va vite, très vite, une actualité chasse l'autre. Il faut alors engranger des éléments et mener des actions capables d'entretenir l'événement.

Une affaire médiatisée devient une source de révélations, des gens lisent la presse, se souviennent et nous téléphonent. Quelquefois le renseignement est balourd, quelquefois il est d'une grande importance, comme le coup de fil reçu par Mme Rouxel qui révèle Laurent Rousseau. Il en est de même pour cette histoire de couteau de boucher retrouvé enfoui après la condamnation de Dany Leprince. En effet, nous savions déjà que les gendarmes, bien après le jugement, cherchaient toujours un objet tranchant dans le genre feuille de boucher. Pour preuve, en 1999, ils se sont rendus chez les Pernel, premiers acquéreurs de la maison de Brigitte et Christian, afin de les interroger, leur montrant une sorte de hachoir retrouvé dans une carrière pour savoir s'ils n'avaient pas découvert par hasard un instrument de ce style. On a aussi demandé quelque compte à la gendarmerie. Réponse : néant.

Or, cette histoire rebondit avec un témoin qui se manifeste par téléphone. Selon lui, l'entreprise Divaret, en 1999, remuant de la terre dans une carrière, a retrouvé un grand couteau de boucher avec « Leprince » gravé sur le manche. Nous vérifions, le tuyau est nickel. Ledit couteau a été apporté aux gendarmes du Mans qui, de toute évidence n'ont pas donné la moindre suite. Comme ils ont montré un hachoir aux Pernel et que nous avons la trace d'un couteau, il est probable qu'ils soient allés fouiller les lieux. Mais rien en retour dans le dossier. Pas le moindre signalement. Pourtant, retrouver un grand couteau avec le nom de Leprince gravé sur le manche, ce n'est pas une découverte anodine !

Nous savons qu'à la Socopa une seule personne pour tout le personnel grave les manches et affûte les lames de tous ceux auxquels on fournit leurs couteaux de travail. Dany Leprince n'en avait pas dans son attirail.

Ce couteau, encore aujourd'hui, on peut le « faire parler ». Et selon « ce qu'il raconte », selon qui il peut accuser, j'y vois peut-être un lien direct avec la non-culpabilité de Dany Leprince.

À coups de nouveaux éléments de ce type qui déferlent, lors de nos avancées, sur le plan régional, nous sommes parvenus au top pour les médias. Il faut envisager de monter sur la marche du plan national, et ce n'est pas une mince affaire ! Une rencontre imprévue va nous fournir un formidable tremplin. Celle de Nicolas Poincaré, grand journaliste de référence qui, à l'époque, produit des reportages pour « Sept à Huit », sur TF1. Aujourd'hui, un véritable ami. C'est l'intègre curieux, le passionné de toutes les intrigues, prêt à bousculer toutes les merdes pour extraire la vérité. Nous lui racontons l'affaire Leprince. Quelques passages de notre récit le laissent dubitatif tant ils lui semblent énormes. Je propose de lui laisser quelques pièces essentielles, qu'il glisse sous son bras. Il doit nous rappeler. Pour moi, attente égale angoisse. J'ai la glotte comme un Yo-Yo malmené à chaque sonnerie de téléphone. Une dizaine de jours plus tard, c'est lui ! Il va prendre rendez-vous avec les avocats pour consulter tout le dossier, ensuite il se rendra sur place pour mener sa propre enquête.

Sûr de mon fait, sachant qu'il peut gratter et tout passer à la Moulinette, je me dis que nous allons peut-être décrocher notre première timbale médiatique nationale. Et pas n'importe laquelle !

Je n'ai toujours pas compris comment, en un minimum de temps, il a pu concentrer autant d'éléments importants dans cette affaire. En quinze minutes, l'essentiel est dit. Son « Sept à Huit » est capital. Il sera déterminant. Il va déclencher un véritable orage médiatique. Franck Johannes, journaliste au *Monde*, emprunte le même chemin, la même enquête : deux pages entières dans le prestigieux quotidien. Franck est taillé dans le moule de l'intégrité et de la gentillesse. *Le Figaro magazine* et sa version quotidienne cognent sous la plume de Dominique Rizet. *Le Dauphiné libéré* pousse fort avec Fabrice Margaillan et Benjamin Boutier. Des amis valentinois certes, mais qui ne sont pas bons pour les coups de copinage. D'ailleurs, c'est un créneau que je n'emprunte jamais. Ensuite, ça cascade, ça ébranle... *Ici Paris*, *Metro*, *Le Journal du dimanche*, le magazine *Elle* et ceux que j'oublie, touchent de plein fouet l'opinion publique dont les rumeurs commencent à monter. Anne-Sophie Martin, une adorable pointilleuse, avec sa caméra de M6 bombarde un reportage pour « Secrets d'actualité » soulevant plein de bonnes questions.

Entre-temps, j'ai produit à la commission des révisions un rapport complet sur la contre-enquête et ses éléments nouveaux. Les avocats vont le soutenir et argumenter. Le président suppléant commence par m'accabler de critiques, aussi injustes qu'acerbes. Cela pourrait donner ceci : je suis un gros chieur qui voit l'injustice partout, comme une incurable maladie. En fait, lui comme l'avocat général, qui réclame le rejet, n'ont certainement pas ouvert bien grand le dossier. De toute évidence, ils en restent au service minimum, bien drapés dans leurs certitudes. Le président suppléant préside la décision, mais il n'en est pas le détenteur absolu. M'est avis que les assesseurs ont dû plancher l'histoire et bavarder avec lui, puisque quinze jours après seulement, soit le 20 mars 2006, la décision est rendue alors qu'elle n'était prévue que dans les deux mois suivants. Elle évoque en substance les éléments apportés introduisant un doute sérieux quant à la culpabilité de Dany Leprince. Un complément d'enquête est ordonné par la Cour de cassation. Décision rarissime, qui nous propulse dans la même position que Denis Seznec après une terrible lutte de quatre-vingts années.

Mais nous en connaissons l'incroyable et pathétique épilogue. Une justice « gâchée ».

Ouvrir un dossier totalement clos, verrouillé à la sacro-sainte « chose jugée », est en soit un exploit qui n'est pas mince. Il représente une marche inespérée, pouvant donner accès à la révision du procès.

Il faut savoir également que Dany Leprince n'a pas bénéficié de l'appel, instauré bien après. Il ne pouvait donc espérer que des éléments nouveaux, que nous avons pu apporter, bien relayés par la presse qui, dans ce genre de mission impossible, joue un rôle extrêmement important.

Pour faire « craquer » la justice jusqu'à la révision, il ne faut rien lâcher, et surtout ne pas s'installer dans une croyance victorieuse.

Des révisions de procès abouties, du capitaine Dreyfus à Patrick Dils ? À ma connaissance, il y en a six tout au plus ! Nous avons seulement gagné une étape importante. L'épreuve de la montagne reste à venir.

Tous les médias relaient l'extraordinaire information. Jusqu'à « Faites entrer l'accusé », de Christophe Hondelatte, embrayé par Dominique Rizet. Si vous ne connaissez pas le dossier, vous trouvez cette émission formidable. Je n'ai aucun autre commentaire à ajouter.

Dany Leprince n'est plus dans l'ombre de sa cellule mais pleins feux sur une bonne rampe. Par l'intermédiaire de ses parents, de ses amis, il peut reprendre la parole, se rendre compte qu'il existe encore. Et, surtout, que la vraie bagarre commence, parce que portée sur la place publique. L'opinion des électeurs compte et souvent arbitre.

Depuis treize ans à présent, il n'a plus le moindre lien avec ses filles. Il en souffre. Il ne peut que les imaginer grandir, se marier, sans lui. Il tourne et retourne dans sa tête les accusations de Martine et de Célia. Il ne comprend pas. Et puis, la santé de ses parents l'inquiète. Ils ont tant subi et ils trinquent encore !

Le plus terrible, dans le monde carcéral, c'est l'impuissance. Le monde peut s'écrouler, vous n'avez aucune prise sur lui. Tout peut arriver, sans vous. Depuis toutes ces années, il semble porter un furoncle bien douloureux dans le cœur. Il survit avec des gestes d'automates. Au bout du couloir, la boîte aux lettres, où il dépose tous les jours un courrier au président de la République et au garde des Sceaux pour crier au secours. La journée, il va aux ateliers. Le soir, il se retrouve emmuré et la gamberge reprend, lancinante. Douze ans, cela fait combien de jours, combien d'heures ?

Pour bien connaître les méandres, les tactiques vicelardes pouvant se planquer derrière cette décision extraordinaire de réouverture de dossier, je suis satisfait mais certainement pas soulagé. Je parle en connaissance de cause, pour avoir subi ce genre de traquenard. On ouvre une porte pour mieux la claquer. « Attention » devient alors le maître mot ; il ne faut pas baisser la garde et être prêt à rendre coup pour coup. Pas de certitude absolue, cela peut receler une vilaine tactique, ou pas. Si ce n'est pas certain, cela reste peut-être. En fait, tout est entièrement suspendu à la volonté judiciaire. Conséquence : vigilance orange.

L'inconvénient, lorsque tu exposes l'affaire dans l'opinion publique, c'est que, en dehors d'une large majorité horrifiée, scandalisée, tu ramasses quelques voyeurs malsains qui, via Internet, vont te bombarder des pires conneries. Jusqu'à te rouler dans la merde. Et ils causent, ces blaireaux, interprètent, jugent, condamnent sur la seule foi des ragots de pissotières...

Pour parler de Dany, ce pauvre mec mutilé, depuis des mois à poil dans sa cellule pour manifester son innocence, j'ai l'outrecuidance d'affirmer qu'il faut avoir passé soixante-huit heures et trente minutes pour lire tout le dossier, ligne après ligne. Comme je l'ai fait avec Marie-Jo, remplissant tout un cahier des contradictions énormes relevées. Parler, juger, condamner sur une affaire aussi grave, sans savoir, cela relève d'une frivolité morale aussi prétentieuse que stupide. Mais, par les temps qui courent, il y a tant de gens qui existent seulement parce qu'ils paraissent, et qui sont persuadés d'être des braves mecs, alors qu'ils ont à peine failli l'être.

16.

Nu à perpète devant la justice

Je n'ai pas à patienter longtemps pour connaître les intentions du président suppléant. D'emblée, il délègue un juge d'instruction du Mans, qui balance le bébé à la gendarmerie... du Mans. On prend les mêmes et on tente une rebelote. En clair, on va demander à ces gendarmes de vérifier si à l'époque leurs copains ont bien fait leur travail... On aurait pu désigner des policiers plus spécialisés, vu les circonstances, mais cette démarche surprenante a le grand mérite de lever immédiatement le voile sur les bonnes intentions.

Avec la défense, je me lance dans un bombardement en règle de demandes d'investigation. En vain, elle n'est pas admise à participer à la recherche de la vérité.

Dans ce genre de procédure extraordinaire, le législateur a laissé le terrain en friche. Le président suppléant peut faire tout ce qu'il veut. Y compris ne rien faire. Ou balayer les avocats un peu chiants d'un revers de manche.

Les remontées qui nous parviennent du terrain sont affligeantes. Les auditions des gendarmes donnent à peu près ceci :

« Bonjour, monsieur, excusez-nous de vous déranger, n'étiez-vous pas l'amant de madame à l'époque ?

– Ah, mais que nenni, messieurs les fringants militaires !

– Entendu et au revoir, monsieur, avec nos excuses pour le dérangement. »

Ce qui semble gêner M. le président, ce n'est pas le fait qu'un homme soit en prison, aujourd'hui soupçonné de non-culpabilité, mais plutôt le tapage qui est fait autour. Et ce con d'Agret qui vient l'emmerder avec son postulat de l'innocence ! Et cet imbécile de comité de soutien qui le harcèle de courriers ! Et ces couillons de journalistes qui tartinent l'histoire !

Silence !

La vérité, toute la vérité est à la portée de la justice aujourd'hui. Une chance énorme à saisir.

À un moment donné, j'ai conscience que nous sommes allés au bout de nos actions. Il faut que Dany se manifeste et relance la machine à perturber l'inertie magistrale par une action qui nous permettrait de rebondir. Oui, mais quelle action ? Se mutiler, faire la grève de la faim ? À plusieurs reprises, je l'ai eu au téléphone. Il m'a avoué ne pas avoir le courage de se mutiler comme je l'ai fait, mais il veut « faire quelque chose ». Il veut refuser la gamelle... Je sais ce que c'est ! Si tu ne tiens pas, t'es cuit, ton affaire définitivement repassée – dans son cas, à perpète –, et toute la sombre vérité aussi. Je ne veux pas que ce pauvre bougre s'engage dans une telle ornière de souffrance. Je gamberge. Il faut que j'invente un truc qui ne s'est jamais fait, et surtout qui ne porte pas atteinte à son intégrité physique. Je gamberge encore. Je suis dans une brasserie parisienne avec Marie-Jo, demain nous remontons vers Valence. Nous sommes mal, vachement mal. Demain soir, Dany doit nous appeler. Il faut que je trouve, bordel ! C'est bon, je tiens l'idée : je vais suggérer à Dany de déposer jusqu'à son dernier slip dans un carton. Il se met à poil, nu à perpète face à la justice !

S'il peut bouffer tranquille, il se prive de toute sortie de sa cellule. Pas de téléphone, pas de parloir, pas de travail en atelier. C'est dur ! Du vingt-quatre heures sur vingt-quatre emmuré. Et le tournis, en plus, de la vilaine araignée qui piétine dans ta tête.

Pour nous comme pour lui, c'est la guerre et il l'a bien compris. Je lui soumets mon plan. Il y adhère immédiatement. Il connaît le prix à payer. Il sort ses tripes et plonge dans cet acte courageux.

Le temps qu'il prépare et expédie un courrier au ministre de la Justice avec copie pour la directrice de la centrale, hurlant son innocence, raison pour laquelle il remet toutes ses fringues à la fouille et restera à poil à perpète. L'exercice est raide, mais il n'a pas le choix.

L'administration pénitentiaire est certes surprise, mais elle ne lui fait subir aucunes représailles. À l'extérieur, tout le monde se mobilise pour lui écrire. Il doit tenir. Nous aussi.

Je ne peux pas me mettre en retrait une fois l'action engagée. Je suis devant le fait accompli. J'ai l'habitude. Toujours dans un salon du Mercure Batignolles au Mans, les journalistes et les caméras m'attendent. J'arrive en peignoir... La situation est fort déplaisante, gênante pour moi, mais c'est pour la bonne cause. Je rejoins le bureau installé pour la circonstance, bien fermé devant. Je tombe mon peignoir, je suis à poil. La conférence de presse commence ! Je vais retrouver mon cul jusque dans la presse étrangère. Mais c'est surtout le message qui est bien passé.

Le président suppléant a convoqué l'ancienne présidente du Comité Dany Leprince pour lui assurer qu'il faisait parfaitement son travail, qu'il ne supportait pas que l'on critique les gendarmes, et encore moins notre bordel. Et là, peut-être colérique à mon seul souvenir, il la menace si nous persistons notre tapage, en particulier en l'accusant de vouloir bâcler l'affaire, c'est ce qu'il finira par faire...

Pas un seul journaliste n'a pu obtenir une interview de Martine Leprince née Compain. La seule réaction rapportée par son avocate parut dans un article dans *Elle* : Martine pleure tous les jours sur les victimes et elle s'en veut de ne pas s'être rendu compte de la déprime de Dany.

2006. Avec Marie-Jo, nous sommes là, dégoûtés mais actifs devant ce que nous appelons l'imposture judiciaire du siècle, qui nous bouffe la tête. Nous n'en connaissons pas l'épilogue. Tous les jours, nous pensons à ce mec à poil dans une cellule de la centrale de Poissy.

Pour faire jaillir cette vérité, à portée d'enquête, il ne manque qu'une seule chose : une volonté judiciaire, un magistrat, un seul, qui s'attelle au dossier, comme nous l'avons fait. Un seul, qui ratisse et vérifie scrupuleusement tous les témoignages et éléments que nous avons apportés. Un seul.

De toute évidence, avec le président suppléant, c'est passé au travers. Mais nous savons qu'il doit prendre sa retraite et nous envisageons cela comme, peut-être, un espoir. En attendant, nous ramons, nous poussons et poussons encore et toujours...

17.

Mon hypothèse contre vos thèses

À mon avis, le magistrat le plus exposé, le plus vulnérable et le plus responsable dans le système judiciaire est le juge d'instruction. Il doit estimer l'innocence ou la culpabilité des individus. Déjà, il est assis sur un non-sens : instruire à charge et à décharge. C'est un peu comme si l'on donnait un fusil à un chasseur en lui demandant de tirer sur un lapin tout en le protégeant. Tâche aussi lourde et ardue que contradictoire.

Même si sa mission l'oblige à « une réserve objective », c'est bien sur sa propre subjectivité que l'instruction va se fonder et se construire. Le juge d'instruction va devoir interpréter et s'appuyer sur des expertises, fiables ou pas. Sur des témoignages, authentiques ou faux. Bien souvent, des éléments importants restent en rade dans le maquis des investigations. Ce qui l'amène, dans bien des cas, à patauger dans des estimations, des analyses bien approximatives et qui sont autant de risques de commettre des erreurs.

Dans le massacre de Thorigné-sur-Dué, je ne sais pas par quel cheminement la juge a pu accumuler autant de contradictions fantastiques pour asseoir son « approche de la vérité ».

Au gré de ses flashs, Martine Compain a donné toutes les versions qu'elle a voulu, soit.

Célia a pu agir de même tout en contredisant gravement sa mère, sans effet, soit. Mmes Hatton et Froger ont pu participer à une « certaine vérité judiciaire », soit.

Mais Céline Brunetière a construit son instruction sur ces dépositions. Je serais donc curieux de savoir quelles déclarations elle a retenues et compilées pour son accusation. Malgré ma volonté acharnée de tenter d'encastrer Dany dans cette terrible affaire, je n'ai pas pu y parvenir. Éléments nouveaux à l'appui, témoignages et dossier totalement dépouillés, nous savons que :

– Quelque chose, à coup sûr, s'est passé dans l'après-midi du 4 septembre 1994, quelque chose de très grave, au point qu'un guet-apens s'organise ;

– Le soir, Martine et ses filles sont là, à quinze mètres.

20 h 50, Brigitte a eu le temps d'attaquer un yaourt mais pas de le finir. Les criminels font irruption et frappent. On ne discute pas, on tue... Le

yaourt renversé nous situe dans le temps mieux que n'importe quelle expertise : quelques instants après qu'ils soient rentrés. À cet instant, Dany est encore dans les champs, pour près de quarante minutes encore.

Les tueurs s'en vont un court moment, selon Rousseau. Plausible. Peut-être parce que l'un d'eux a pris un coup de tisonnier ? Peut-être parce qu'un autre s'est coupé avec le couteau cassé, sur lequel on retrouve du sang non identifié, qui n'appartient ni aux victimes, ni à Martine, ni à Dany ? Il y a donc un autre inconnu dans la place. Ils reviennent pour Solène et elle n'est plus là ? Dans le grenier avec Rousseau ? Mystère ?

Plus j'y pense, plus je me dis que soit le récit de Rousseau est véritable et aujourd'hui il pète de trouille – à moins qu'on l'ait prié de fermer sa gueule, voire les deux – soit la personne s'étant retrouvée dans cette effrayante situation lui a tout raconté, un soir de beuverie peut-être, dans les moindres détails. Alors, Laurent Rousseau serait doté d'une prodigieuse mémoire.

Dans tous les cas, il reste la seule explication plausible au fait que Solène vient d'être changée lorsqu'on la découvre, mais surtout qu'elle a échappé au massacre !

Il n'est pas du tout certain que Dany soit rentré à 21 h 30, mais admettons : les tueurs ont disposé, nous le savons, de presque quarante minutes pour commettre cette tragédie. La seule référence fiable dans le temps, c'est toujours ce pot de yaourt renversé et la logique imparable qui le situe.

Ils sont au moins deux, une femme et un homme, certainement trois en considérant l'empreinte génétique du sang sur le couteau cassé.

Selon moi, un salopard s'est chargé de massacrer les filles. Il n'a pas vu Solène, il est monté dans les combles où des chambres étaient en cours d'aménagement. Il semble que les recherches de la juge soient restées en bas de l'escalier, et c'est bien dommage. Il n'a pas trouvé la gamine mais a laissé des traces sur quelques marches.

Au moment de l'intrusion, Brigitte a ouvert son yaourt devant la cheminée de la salle à manger. Elle réagit aussitôt et fait face, en s'emparant du tisonnier. Elle va résister jusque dans la cuisine, soit vingt-cinq mètres plus loin environ, avant de s'écrouler.

On peut imaginer le pauvre Christian, au moment de l'intrusion. Alors que Brigitte résiste et occupe les assaillants, il tente de s'enfuir pour chercher du secours. Il part en courant chez son frère. La route et le voisinage se situent à l'opposé. Un, peut-être deux assassins le rattrapent...

Je pense également que lorsque Dany rentre, l'horreur est terminée. Le nez vissé dans ses phares, vanné, il peut ne pas remarquer le sang sous la boîte aux lettres. Il dîne vite fait, il est épuisé, il va se coucher. Je reste tout à fait persuadé que s'il était rentré plus tôt, au moment où l'on décime la famille Leprince avec une haine folle, il aurait fait partie des massacrés.

Le témoin qui déclare avoir vu de la lumière dans la nuit me fait croire que les assassins sont retournés sur les lieux. Pour rentrer le corps de Christian resté dissimulé derrière la haie épaisse ? Pour chercher le bouton de chemise arraché ? Pendant ce temps, Dany semoule dans son sommeil, attendant la sonnerie du réveil.

Une hypothèse qui en vaut une autre... Surtout si on la superpose avec les éléments du dossier et les nouveaux témoignages, dont celui issu de la mémoire évaporée du sieur Rousseau...

En supposant que les coupables soient démasqués par une révision de procès, que risquent-ils en sachant qu'il y a prescription ? Mais seule la vérité est importante. Même si, démasqués, les assassins restent installés dans leur impunité, ils seront au grand jour cette fois, avec tout ce que cela implique. À eux d'endosser le beau costard que Dany se trimballe depuis treize ans.

Je pense encore à cet homme nu, à ces victimes bafouées qui torturent ma mémoire en m'infligeant cette vision d'horreur. Comment vivre avec ces cris dans les oreilles ! Lorsque je me rends sur les lieux, je suis tellement imprégné par cette affaire que j'entends ces hurlements. Ils me lacèrent les tympans.

L'énigme reste figée, murée dans le silence, parce que les explications et versions données par la justice sont aujourd'hui démasquées, à bout de souffle. Tout le camouflé, l'enfoui terrifiant viennent de surgir.

Même si ce n'est pas mon truc, j'aurais tant aimé que ce récit raconte une sordide fiction, bien tarabiscotée, comme un sale roman qui file des frissons aux lecteurs. Hélas, avec toutes les preuves à produire, j'ai marché pas à pas dans une réalité qui me glace, m'horrifie. Je rapporte un dossier, des témoignages, scrupuleusement, point par point. Tout ce à côté de quoi la justice est passée. Pourquoi ? Comment ?

Je pense aux Malherbe, témoins intègres mais encombrants qui, ne rentrant pas dans le schéma de l'accusation, ont tout subi. Des interrogatoires marathons aux perquisitions. Souvenons-nous que se sont les témoins chez lesquels Dany Leprince s'est arrêté pour les aider à monter une vieille cuisinière dans leur maison. Il est évident que leur témoignage, à l'époque, contrariait fortement la thèse de l'accusation.

Je pense à Robert et Renée Leprince, victimes de tant d'impostures et d'autant de malheurs.

Je pense aux dames Hatton et Froger.

Je pense à Solène, que je n'ai pas encore rencontrée, qui forcément sera une belle jeune fille, pleine de vie et entourée d'amour par ceux qui sont devenus ses « vrais parents ».

Je pense à Patricia, sa famille, toujours en quête de vérité. Je pense à son pauvre papa, foudroyé de chagrin. Je suis en proie à un lancinant chaos. Je voudrais effacer de ma mémoire ces corps suppliciés, je voudrais que le massacre de Thorigné-sur-Dué ne soit qu'un sale cauchemar, qu'il n'ait jamais existé.

Nicolas Poincaré est avec nous. Nous sommes attablés avec d'autres amis, chez Sonia et Gianni, une bonne table parisienne, rue Legendre. Ils nous connaissent bien. Combien de fois ont-ils partagé nos joies comme nos désespoirs !

Ce soir, nous sommes graves. L'homme à poil, nu devant la justice, occupe nos pensées et notre conversation.

Tous les trois, « On refait le monde », titre de l'excellente émission de Nicolas sur RTL, nous voyons une justice qui ose elle aussi se mettre nue ! Qui ne supporte pas l'injustice, l'injure extrême aux victimes ! Dany Leprince se rhabille, il est innocenté !

Les vrais coupables monstrueux grelottent de trouille.

L'énorme gueule de la centrale de Poissy s'ouvre grande.

Toute la famille de Dany et ses amis sont là, encore écorchés vifs.

Le grand échalas abîmé sort enfin. Il écarquille les yeux, titube un peu et se jette dans les bras de ses parents, dans les nôtres... Un flot de larmes...

Non, Nicolas, « arrête, arrête ! » notre film, pose ta caméra !

Espérons seulement très fort que demain la justice de notre pays reprenne son glaive et retrouve sa balance.

18.

Vendredi 15 juin 2007

Je suis bien enfoui dans ma campagne ce vendredi 15 et je ne pensais pas qu'un événement aussi tragique m'obligerait à reprendre la plume.

Le matin, j'ai posté une lettre à Dany pour lui dire que tout le monde restait sur le pont, qu'on pensait à lui, que le livre était presque achevé. Avec Marie-Jo, je suis même allé me balader parmi les châtaigniers. Un petit moment de nature et de détente. Jusque-là, tout va bien...

En fin d'après-midi, l'adorable petite Sophie Hemonnet, cousine des Leprince, nous téléphone. C'est Marie-Jo qui décroche. Je la vois blêmir, flancher en criant : « C'est pas vrai, c'est pas vrai ! » Elle pose le combiné et, les yeux déjà pleins de larmes, elle me dit d'une voix déchirée : « Renée Leprince vient de se suicider. »

Tout mon corps semble comme fossilisé. Nous sommes écroulés, anéantis.

Depuis quelque temps, cette femme rigoureuse, forte et battante penchait vers le désespoir. Hier encore, elle me suppliait : « Donnez-moi une date, Roland, je n'en peux plus ! Quand la révision ? Quand Dany va-t-il être reconnu innocent ? » Et moi de lui répéter : « Ma petite Renée, je ne suis pas un décideur, je ne peux pas vous donner une date... mais il faut tenir le coup, il ne faut rien lâcher, c'est la seule façon de gagner. » J'aurais peut-être dû lui mentir, lui inventer une putain de salade. Lui dire : « C'est dans un mois », puis reprendre mon mensonge au terme de l'échéance et le repeindre d'un autre. Je me dis ça, jusqu'à me torturer. Mais je ne sais pas faire.

Je suis terrassé. Je viens de mettre un genou à terre mais je regarde l'« adversaire » dans les yeux. Non seulement je vais finir le round, mais je sens que je vais fracasser jusqu'en fin de match.

Le drame de Thorigné-sur-Dué vient de faire une septième victime : quatre innocents massacrés, le père de Brigitte mort de chagrin, Dany nu à perpète et maintenant la pauvre Renée. Sans parler des familles Leprince et Papillon, ravagées, mutilées, décimées. Je pense à Robert Leprince, à Alain, le dernier fils, qui déjà étaient tant abîmés.

J'allais dire : les deux rescapés.

Usée, laminée par treize ans de misère, de douleur écrasante, elle a craqué, ma petite Renée. Elle est partie, et ce sera très dur pour nous de retourner à Thorigné sans la revoir.

J'ai aussitôt prévenu tout le monde. D'abord la centrale de Poissy, puis le service social. Ils sont sidérés, atterrés. Je suis mis en contact avec la directrice. Il faut que Dany accepte de mettre une serviette autour de la taille et une couverture sur le dos pour se rendre à un téléphone. Je l'ai au bout du fil... Une horreur. Il balbutie, se met en colère et s'écroule mais se relève immédiatement, comme galvanisé. « Pour la mémoire de ma mère » devient pour lui un combat supplémentaire. Je le sens envahi par une rage que je connais bien. Je sais qu'il tiendra le choc car il est courageux. Là encore, mon vocabulaire est bien faible pour exprimer un moment aussi douloureux, aussi terrible.

La directrice me dit qu'elle va le mettre « sous surveillance » et qu'on lui adressera tous les documents nécessaires à une permission de sortie pour l'enterrement. Deux brigadiers sont prêts à l'escorter, mais la décision revient au juge d'application des peines.

Toute la soirée du 15, mes amis m'envoient des e-mails, me passent des coups de téléphone. Mon ami Nicolas Poincaré est aussi mal en point que moi. Je me sens tellement coupable de ne pas avoir menti à Renée. Nous faisons un serment : celui de faire éclater toute la vérité, cette vérité qui seule peut sauver Dany et démasquer les coupables.

Vers les 5 heures du matin, je suis encore devant mon bureau, prostré. Marie-Jo, écrasée, doit dormir ou cauchemarder. Je regarde la bouteille de saint-émilion que je viens de me bombarder. Cet anesthésiant ne fonctionne pas. Sans même tituber, je vais rejoindre Marie-Jo et m'effondrer dans le lit. Il est des petits matins où la réalité te fouette le visage, à peine un œil ouvert. Ce 16 juin est l'un de ceux-là.

J'appelle à nouveau la famille. Tout le monde s'accroche, chacun comme il peut. Je voudrais pouvoir inventer des mots capables de leur insuffler de la force. Renée Leprince n'est pas encore enterrée que j'accroche son cercueil aux robes rouges qui ont participé à ce massacre judiciaire et aux brodequins des gendarmes qui sont responsables d'une très sale enquête. Même si je sais que ça ne les empêchera pas de dormir.

Renée s'est pendue. À qui doit revenir cette corde ? Cela ne tenait qu'à une date !

Nous sommes aujourd'hui le 19 juin 2007.

Son corps dépecé par une autopsie va être rapatrié d'Angers ce matin. Je ne peux m'empêcher de faire un cruel rapprochement avec l'état des victimes.

Les Hemonnet nous donneront la date de son enterrement. Nos valises sont prêtes. Ma petite

Renée va retrouver sa terre, cette terre qu'elle aimait tant. Je ne sais pas si Dany sera là.

Le jeudi 21 juin 2007, nous débarquons au Mercure Batignolles du Mans. Les gens nous connaissent bien et sont sympas avec nous. C'est un refuge. Les Hemonnet nous avaient ouvert leur maison, mais dans ces pénibles circonstances nous n'avions pas envie de les encombrer.

C'est chez eux que nous rencontrons Robert, le bon petit père, complètement perdu, ravagé par la douleur. Il sanglote contre l'épaule de Marie-Jo, livide. Je le prends dans mes bras, le serre fort, très fort, nous mêlons nos larmes. Nous sommes des impuissants face au drame. Je voudrais pouvoir lui transmettre toute mon énergie, toute ma rage.

Il se redresse, il serre les dents. Il est courageux.

Alain, le petit frère, est démoli. Ses yeux sont rougis par la fatigue et son immense chagrin.

J'ai martelé à Dany qu'il devait tenir le choc, que toute la vérité, la révision ne reposaient que sur lui. Il m'a répondu qu'il tiendrait, parce qu'il voulait avant tout cette vérité, pour Christian, Brigitte, Audrey, Sandra et, à présent, pour la mémoire de sa mère. C'est ce que je répète à Robert. Il est digne dans son immense malheur. Il se redresse, encouragé par les adorables Hemonnet.

Immédiatement, nous prenons une décision : demain, juste après l'enterrement, le Comité Dany Leprince sera dissous et le Groupe Renée Leprince fondé. Et je peux vous dire qu'il va s'inscrire dans une autre dimension. J'ai déjà en tête une liste d'amis, des « gens qui comptent », et notre première action : un questionnaire public à l'intention de Céline Brunetière.

Elle a fini son travail mais elle continue ses passages à la télé, bien drapée dans ses certitudes. Je lui ai donc proposé, par voie de presse, un face-à-face à la radio, à la télé, ou même dans une salle de son choix que je louerais, dans laquelle elle viendrait apporter « ses grandes vérités » pour les confronter à « mes petites preuves »...

Elle est, à mes yeux, la cheville ouvrière, le premier maillon responsable, celui qui a failli et entraîné cette cascade horrifiante. J'irai donc sur le propre terrain de Mme la juge, avec tambours et trompettes...

De retour à l'hôtel, nos deux portables nous assaillent. Des journalistes, des amis... Plein d'amis qui nous portent. Nicolas est présent, en tête. Sa voix, ses mots nous font du bien.

Nous attendons des nouvelles de Poissy. Elle tombe : Dany viendra se recueillir devant sa petite mère, escorté par l'administration pénitentiaire, le lendemain à 13 h 30 au funérarium de Connerré. Une seule condition : pas de presse. Ne rien dire, c'est ne trahir personne...

Ce vendredi 22 juin 2007, dès 6 heures nous

sommes debout, pas même certains d'avoir dormi, harassés, écrasés. Le temps est affreux, des giboulées en rafale cinglent les vitres et font ployer les arbustes. À 10 heures, nous avons rendez-vous avec Joël Bruandet et son équipe de « Sept à Huit ». Ils vont reprendre une partie de l'enquête et du reportage réalisés par Nicolas Poincaré. Il ne faut pas que la pauvre Renée soit morte pour rien, il faut que cela se sache, mais jamais les interviews ne m'ont paru aussi pénibles.

À 14 heures, nous irons chercher Robert Leprince pour nous rendre à Dollon, paisible petit village près de Thorigné-sur-Dué, là où vivaient les parents de Renée. La famille vient d'ouvrir un caveau de trois places, dont une réservée par Dany qui veut, le jour du grand sommeil, s'endormir pour l'éternité à côté de ses parents.

Joël et son équipe sont parfaits dans la situation : sobres, efficaces, loin de tout voyeurisme malsain.

Ensemble, nous retournons sur les lieux de la tragédie. C'est la troisième fois que j'y retourne. J'entends toujours les cris, les hurlements.

À 14 heures, c'est ensemble que nous récupérons notre papa Leprince. Il est chancelant, sa plaie est à vif, son cœur est en sang. Lorsque nous arrivons à Dollon, bien que la famille n'ait pas annoncé les horaires ni le lieu de la cérémonie funéraire, une centaine de personnes sont massées devant la petite église, communiant déjà dans une douleur palpable. Christine Corre de *Ouest-France*, est là, tendue, peinée. Elle connaît l'affaire et, dès le lendemain de la condamnation de Dany, elle exposait déjà clairement les zones d'ombre d'un procès aussi bâclé que l'instruction.

Juste avant l'entrée du cercueil dans l'église, le ciel coléreux s'est apaisé encore un instant, comme s'il participait à notre deuil. La petite foule recueillie est entrée lentement. Les journalistes présents ont déposé leurs « armes », rangé leurs caméras et appareils photo pour assister à cette messe d'adieux. Je suis le contraire d'un bondieusard, mais le curé m'a surpris et même fait du bien. Beaucoup de bien. « Il faut continuer le combat de Renée car il ne peut pas y avoir de paix si l'on n'a pas la justice. » À la fin de l'office, nous nous embrassons et versons quelques larmes ensemble. Sur la petite place, tout le monde est resté là, un long moment, broyé par l'émotion, figé dans la dignité. Grand hommage solennel au combat et à la mémoire de Renée Leprince.

Dans cette journée de grisaille lourde, une étincelle d'humanité est venue nous réconforter. Elle irradiait de la centrale de Poissy.

Dany Leprince est bien venu dire adieu à sa mère. Dignement, comme un homme. Il est arrivé au funérarium dans une voiture banalisée, sans menottes, escorté par un chauffeur et deux brigadiers en civil. Il a embrassé une dernière fois sa petite maman. Ceux qui l'on vue m'ont dit qu'elle faisait plus jeune, qu'elle était plus belle. Il a pu aussi embrasser quelques membres de sa famille pendant une bonne heure.

Du fond du cœur, je remercie la directrice de Poissy, le service social, la juge d'application des peines et l'administration pénitentiaire pour cet acte courageux et profondément humain.

Dans le petit cimetière, une foule recueillie est silencieuse devant le caveau ouvert. Les fleurs et hommages s'entassent, tous aussi criants que douloureux. Je suis à côté de mon Robert anéanti. Les Hemonnet sont tout proches. Toujours présents. Marie-Jo refoule un flot de larmes. J'ai envie de hurler, d'un cri féroce, inhumain.

Avant de descendre le cercueil, le service des pompes funèbres me tend une plaque de marbre sur laquelle nous avons fait graver : « À Renée Leprince, victime d'une infamie judiciaire, dans notre rage pour toujours... »

Je suis invité à prendre la parole. Je suis en mille morceaux. Je pense au serment me liant à Marie-Jo et Nicolas... Mais que dire d'autre que... elle est à peine partie que déjà elle nous manque. Elle était un pilier. Comme l'a si bien dit M. le curé, il ne peut pas y avoir de paix sans justice. Renée Leprince nous laisse son combat et un devoir de mémoire.

Elle ne réclamait pas la lune mais une pincée de justice et de vérité. Liés à notre serment, nous allons arracher ce que l'on n'a pas voulu lui donner. Debout !

Le cercueil est sanglé. Le pauvre Robert se penche et caresse le bois une dernière fois, ultime étreinte.

Le ciel reste obscurci mais il ne pleut pas. Même sous une averse, je n'aurais rien senti. Joël s'approche de moi et, avant même qu'il me pose une question, je lui dis : « Si vous me demandez à cet instant où habitent les Leprince, je vous répondrai : au cimetière. »

À qui le tour ?...

Mais combien de tonnes de souffrances, de mensonges et d'errances judiciaires ont pu la conduire là ? Pendant que Robert consultait son médecin, après avoir tout mis en ordre, elle est allée dans son garage et a placé la corde.

L'hiver étant passé, le tas de bois n'était pas bien haut. Elle est montée dessus et s'est lâchée. Lorsque Robert l'a découverte, ses pieds n'étaient qu'à cinq centimètres du sol.

Le lendemain matin, après une nouvelle nuit tourmentée, dès 6 h 30 nous sommes installés devant nos cafés noirs. *Le Maine libre* a déjà été distribué au Mercure. Nous sommes frappés plein casque. Grâce à une « source », très proche d'une mairie sans aucun doute, via un jeune journaliste qui n'est certainement pas de la même école que Philippe Lavergne, le canard a envoyé son paparazzi, pardon, son photographe, pour flasher Dany au funérarium. Ainsi, ils ont pu l'exposer à la une et dans la foulée vendre des « photos exclusives » de leur braquage à TF1, à *Choc*... Comme quoi, le grand malheur des uns, au nom de l'information, peut être un petit bonheur lucratif pour d'autres. Le titre : « Le quadruple meurtrier de Thorigné ».

Légal, bien sûr, mais dans le contexte c'est à la limite de l'inconvenance. Depuis que le dossier est rouvert pour « cause de présomption d'innocence », je pense qu'une certaine retenue s'impose. Parce que je trouve ce titre aussi indécent que le fait d'aller tirer des photos devant un funérarium pour en faire commerce.

C'est vrai que si vous prenez la prose de l'époque dudit journal à propos de l'affaire et que vous la comparez avec celle de *Ouest-France*, vous vous demandez s'il s'agit bien de la même histoire.

Sur le chemin du retour, nous étions aussi laminés que rageurs. La mémoire de Renée Leprince en plus. De la hauteur de ses immenses pouvoirs sacrés, c'est vrai que la justice peut tout faire ou ne rien faire. Si elle fait, alors elle pourra se parer d'une dignité et d'un courage profondément humains, au prix de toute la vérité qu'elle doit, non seulement aux victimes, mais aussi au peuple français lui-même, puisque chacun de ses arrêts est rendu en son nom. Cela ne panserait pas tant de plaies inguérissables mais, à défaut, ça les apaiserait, en toute bonne justice. Si elle ne fait pas, alors elle gardera cette tache honteuse, scandaleuse, affichant une volonté acharnée de sacrifier la vérité pour continuer à se planquer derrière une « chose jugée ».

À ce propos, j'affirme que quiconque d'intègre lit et analyse ce volumineux dossier, au-delà des fameux éléments nouveaux, ne peut pas le refermer en l'état sans laminer sa conscience. Le constat est là : ce dossier est un contresens surréaliste et aucune décision de justice n'aurait dû s'appuyer dessus.

Après Dreyfus, un aumônier des prisons, le père Boyer, a dénoncé un dossier semblable qui avait conduit à la condamnation de Jean-Marie Devaux. Le procès a été révisé « dans l'intérêt de la loi ». Devaux a été innocenté.

Aujourd'hui, le dossier Leprince est connu, il se propage. De plus en plus de personnes, de journalistes, d'hommes politiques savent, des colères sourdent, des volontés se soulèvent... Il sera impossible, à mon avis, d'échapper à cette vérité.

Une vraie chance pour la justice

Si tous les nouveaux témoignages qui vous ont été révélés avaient été connus par la cour d'assises, tout un pan préfabriqué se serait à coup sûr écroulé.

Cela n'était pas de nature à introduire une énorme part de vérité capable d'innocenter Dany Leprince ? Capable, avec quelques tests ADN en plus, de confondre les vrais coupables ?

Je le crois sincèrement, ce qui me fait d'autant plus mal, confronté aux constats dramatiques des irréversibles dégâts. Avec Nicolas Poincaré, peut-être à notre insu, happés par notre seule conscience, nous sommes devenus des croisés pour la vérité rendue à l'affaire Leprince. Et à ses victimes. Nous le resterons.

Je vous ai fidèlement tout dit, tout rapporté en autopsiant l'horreur en pire. À présent, c'est à vous de juger...

C'est vrai, la justice a une occasion inespérée d'atteindre enfin la vérité et de se réhabiliter, parce que, sur une affaire comme celle là, elle en a grand besoin.

Il suffit qu'elle le veuille, qu'elle prête une oreille, qu'elle tende une seule main, qu'elle ait cette volonté... Qu'elle ouvre et lise entièrement ce dossier et je lui promets qu'il lui sera impossible de le refermer dans ce lamentable état.

Vous ouvrez une magnifique boîte censée contenir le joyaux d'un acte de bonne justice et vous trouvez une sorte de cadavre pestilentiel...

J'ai envie de lui hurler : « Pour ton honneur même, arrête, arrête le massacre ! »

Table des matières

Mise en page
PCA
44400 Rezé

Impression réalisée sur VARIQUIK par
CORLET, IMPRIMEUR, S.A.
Condé-sur-Noireau
pour le compte des Éditions Michel Lafon

Imprimé en France
Dépôt légal : janvier 2008
ISBN : 978-2-7499-0800-7
LAF 1057